Michael Klonovsky
Uli Martin

Welcher Wein zu welcher Frau?

Ein politisch unkorrekter Ratgeber

Illustriert von Stefanie Harjes

München und Bern

Dieses Buch ist allen
schönen Frauen und einer Reihe
von Winzern gewidmet

Hallwag ist ein Unternehmen des Gräfe und Unzer Verlags, München
© 2001 Gräfe und Unzer Verlag GmbH, München

Umschlag und Gestaltung: Robert Buchmüller
Lektorat: Eva Meyer
Satz und Lithos: Utesch GmbH, Hamburg
Druck und Bindung: Druckhaus Kaufmann, Lahr

ISBN 3-7742-0044-0

Inhalt

Einleitung

Dieses Buch will ein bedauerliches Versäumnis beenden: die skandalöse Unterschätzung der Frau in ihrer Eigenschaft als ideale Weinbegleiterin. Zugleich ist Wein bekanntlich ein idealer Frauenbegleiter. Das Zusammenspiel von Wein und Frau ist ein so bedeutendes soziokulturelles, geschmackliches und erotisches Phänomen, dass es höchste Zeit wird, darüber einige grundsätzliche und allgemein hilfreiche Betrachtungen anzustellen.

Seit Jahrhunderten ziehen Winzer, denen dafür gar nicht angemessen gedankt werden kann, die Sonne auf Flaschen, damit sie uns auch an den Abenden erstrahle. Seit beinahe ebenso langer Zeit bemühen sich Menschen mit sensorisch hochbegabten Gaumen, den jeweiligen Weinen passende Speisen – und umgekehrt – zuzuordnen. Inzwischen weiß beinahe jeder, der zumindest Anstalten macht, es zu wissen, dass ein Rehrücken trefflich mit einem Pinot noir harmoniert oder ein Hummerschwanz seine gesamte Wirkung erst entfaltet, wenn ihm ein großer Chardonnay, beispielsweise ein Puligny-Montrachet, zur Seite steht. Warum aber macht sich eigentlich kaum jemand Gedanken darüber, welcher Wein am besten zu einer blonden, sportlichen BWL-Studentin aus dem Rheinland oder, um die Latte etwas höher zu legen, zu einer Table-Dancerin aus Ghana passt? Ist es womöglich ein verhalten prickelnder Muscadet sur lie mit seinem schlanken, jungmädchenhaften Körper, den blassgelben Reflexen im Glas und einem leicht salzigen Duft, der mit der African Queen die ideale Liaison eingeht? Oder lässt sie sich mit Genuss – diesem Wort werden Sie auf den nächsten Seiten andauernd begegnen – mit Genuss also von einem australischen Muskelprotz namens SHIRAZ den Hof machen, weil er mit geschmeidiger Power, pfeffrigem Duft und dezentem Schweißnäschen auftritt?

Wie überraschen Sie eine Pariserin, deren Herkunftsland ebenso wie das etwas dunkle Timbre ihrer Stimme darauf hindeuten, dass sie so leicht nicht zu beeindrucken sein wird? Womit spülen Sie einer wenig polyglotten Schwäbin all die traumatischen Erinnerungen an Spätzle und Trollinger vom Gaumen? Was trinkt man zur Sekretärin, was beim ersten Date mit einer etwas spröden norddeutschen Geschäftsfrau? Welcher Wein öffnet die Herzen, welcher die Schlafzimmertüren? Welchen Tropfen hätte Mister Copperfield als adäquate Ergänzung zu Claudia Schiffer auf den Tisch zaubern sollen? Wie und wann schinden Sie Eindruck, wie und wann sollten Sie gekonntes Understatement betreiben? Wie vertragen sich überhaupt die Frauentypen blond, brünett, schwarz mit Sauvignon blanc oder Cabernet Sauvignon? Wie die exotischen ethnischen Spezifikationen Asiatin, Afrikanerin, Latina mit den jeweiligen Vinifikationen? Welches weibliche Flair harmoniert mit welchem Weinaroma? Was trinkt (und speist) man beim Rendezvous? Auch wenn man jemanden bereits zum Fressen gern hat, bedarf es der passenden Weinbegleitung, oder?

Mit diesen Fragen sei kurz umrissen, worum es im Folgenden geht. Das sehr schöne und im Grunde stimmige Motto «Du siehst mit diesem Trank im Leibe/Helenen bald in jedem Weibe» soll bezüglich des Trankes präzisiert werden.

· · · · · · ·

Sofern in Ihrem Hinterkopf die Frage rumort, ob dergleichen Erwägungen politisch korrekt und nicht etwa frauenfeindlich seien, können wir Sie beruhigen: Frauenfeindlich ist, der Dame irgendeinen Wein vorzusetzen (beziehungsweise zu ihr zu trinken). Außerdem: Ist etwa der Gourmet, der stundenlang voller Hingabe überlegt, welchen Tropfen er zum Rehrücken kredenzt, rehrückenfeindlich?

Dieses Buch trägt der Tatsache Rechnung, dass in den letzten Jahrzehnten sowohl die Wein- als auch die Frauenauswahl beträchtlich zugenommen hat – die Globalisierung zeigt ihre guten Seiten. Die Kombination moderner, individueller Frauen mit den aus allen Erdteilen ins Land strömenden Rebsäften ist eine echte Herausforderung, der ein Mann von Welt gewachsen sein sollte. Durch ein perfektes Arrangement kann er beweisen, dass ihm die höheren Weihen des Genießertums zugänglich sind. Veranstalten Sie Ihr persönliches Bacchanal, küren Sie Ihre persönliche Mänade! Vergessen Sie die Cocktails, die nur gierig und schnell betrunken machen, vergessen Sie das Bier, von dem man schwer wird, träge, dumpf und obszön. Selbst der gute alte Champagner kann dem originalen Rebensaft letztlich kaum Paroli bieten, denn Wein ist weitaus vielgestaltiger, kombinierbarer, nuancenreicher, und über Wein lässt sich zudem noch reden. Jede Frau wird Ihnen gern lauschen, wenn Sie die Geschichte des Tropfens erzählen, den Sie ihr offerieren. Entscheidend ist, dass Sie den richtigen ausgewählt haben. «Champagner!» kann außerdem jeder Depp zum Kellner rufen – aber der Eindruck auf die Dame wird unvergleichlich größer sein, wenn Sie einen Quilceda Creek Cabernet Sauvignon aus Washington State ordern oder mit dem Sommelier darüber fachsimpeln, ob der 89er oder der 90er CHÂTEAU HAUT-BRION empfehlenswerter sei. Eine heimliche Ahnung wird Ihre Begleiterin beschleichen, nämlich: Wenn sein Gaumen so wählerisch ist, wenn er so feinsinnig zu genießen versteht, dann wird er vermutlich auch zu späterer Stunde zu sensitiven Höchstleistungen auflaufen.

Darüber an dieser Stelle keine weiteren Ausführungen. Hier ist die Rede vom Vorspiel zum Vorspiel. Und damit fangen wir an.

Theoretischer Teil

Wein und Weib: Parallelen

Wein und Weib gehören zur Kategorie der Genussmittel; wer das nicht lernt, bleibt ein Narr ein Leben lang. Es handelt sich dabei um höchst anspruchsvolle Genussmittel, vermutlich die anspruchsvollsten überhaupt, soll heißen: Sie sprechen nicht nur an, sondern stellen selbst hohe Ansprüche an den Konsumenten, den wir besser den Gourmet nennen wollen. Ein großer Wein ist so singulär wie jede Frau mit Klasse. Ein Gimpel wird mit beiden nichts anfangen können, aber wen schert der Gimpel, auch auf die Gefahr hin, dass er die Mehrheit vertritt?

Der Weg vom Konsumenten zum Genießer ist zwar kein steiniger (wenngleich für viele ein Holzweg), aber er braucht seine Zeit. So wenig, wie man bei seiner ersten Frau erotische Großtaten verrichtet, so wenig weiß man beim ersten Wein, wohin einen die lebenslange Gaumengier führen, welche enormen Reize sie einem bescheren wird. Aber man ahnt es bereits am Start oder nie. Irgendwann tritt dann hoffentlich das große Evidenzerlebnis hinzu, der Abend, wo man *alles* kapiert, ob der Anlass nun Petra heißt oder Château Margaux 1982.

Das Nonplusultra wäre freilich beides zugleich. Man sollte zumindest nicht aufhören, vom idealen Arrangement zu träumen, und ein Leben lang hinzulernen, probieren und wechseln, kombinieren und nachschmecken, suchen und (wieder)finden.

. . . .

Der Volksmund bringt bekanntlich seit jeher Wein und Weib in unmittelbaren Zusammenhang (über den Gesang lässt sich streiten), Luther reimte es nur nach. In der zweiten Strophe des Deutschlandliedes, also der Nationalhymne des von Frauen fröhlich wimmelnden Weinlandes Deutschland, die irgendwie zwischen verteufelter erster und offizieller dritter Strophe untergegangen ist (vielleicht aus Gründen des Geschmacks), in diesem zweiten Vers also heißt es – und wir sollten rühmen, dass gerade die Kinder Teuts Wein und Weib in ihre vaterländische Staatsode integriert haben –: «Deutsche Frauen, deutsche Treue, deutscher Wein und deutscher Sang/sollen in der Welt behalten ihren alten schönen Klang.» Die Häufung des Attributs «deutsch» mutet heute leicht autistisch an – und über «Treue» in diesem Buch kein Wort! –, aber die Auswahl, die der Dichter ansonsten traf, können wir nur goutieren.

Der Geheimrat Goethe, in Sachen Frauen ein Spätberufener, in punkto Wein ein unexzessiver, aber beharrlicher Zecher, beiden Freudenspendern jedenfalls sehr zugeneigt und bekanntlich – dieses Zusammentreffen ist alles andere als zufällig – ein Sprachartist, dichtete: «Ein Mädchen und ein Gläschen Wein sind Retter in der Not, denn wer nicht trinkt und wer nicht küsst, der ist so gut wie tot.» Wir halten die tiefsinnige Gleichung «Not = Leben ohne Wein und Frauen» für überaus angemessen und möchten auch den Not leidenden Teil der Leserschaft an dieser Stelle willkommen heißen. Vielleicht fangen Sie schon mal mit dem Wein an, alles andere wird sich finden. Es sei denn, Sie gehören zu den von Wilhelm Busch beschriebenen Zeitgenossen: «Wer als Wein- und Weiberhasser jedermann im Wege steht, der esse Brot und trinke Wasser, bis er daran zugrunde geht.» Aber dann hätten Sie dieses Buch ja nicht gekauft.

Die Verbindung ist also klar: Wer Wein sagt, sollte auch Weib sagen – und umgekehrt.

Weine und Frauen werden nach Jahrgängen klassifiziert, gemeinsam sind beiden die Stadien von zu früher Ungenießbarkeit über Jugend, Reife bis hin zum Verfall, wobei sich manche Frauen und eine Reihe von Weinen erstaunlich lange zu halten und dabei immer mehr Pracht zu entfalten vermögen. (Der griechische Komödienautor Kratinos, der im fünften vorchristlichen Jahrhundert lebte und trank, verwendet für einen Wein, der ins richtige Alter kommt – also trinkreif wird –, ein Wort, das auch «geschlechtsreif» bedeutet.) Moderne Winzer legen Wert auf perfektes Tannin-Management, moderne Frauen veredeln ihre Körper in Fitness-Studios und Schönheitsfarmen, so dass die früher geltende Faustregel, Frauen seien jung, Weine alt zu genießen, längst nicht mehr gilt. Beide haben jedoch ihren Zeitpunkt der perfekten Genussreife, und beide überschreiten ihn irgendwann und entziehen sich allmählich der Konsumierbarkeit. Das ist insofern tragisch, als Mann mitunter sehr viel Geld in sie investiert hat, jedoch verschmerzbar insofern, als es sich glücklicherweise um nachwachsende Rohstoffe handelt. Weine und Frauen bedürfen der Hege und Pflege, sie unterscheiden sich nach Herkunft, Lage, Klima und Behandlung, und was dem Weinfreund die 1990er RIESLING-TROCKENBEERENAUSLESE von den steilen Terrassen der Mosel, ist vielleicht dem Don Juan die 1980er Blondine aus dem städtischen Beach-Volleyball-Team. Frauen sind übrigens weit robuster als Weinstöcke; bemerkenswerterweise ist nämlich bis heute kein weiblicher Jahrgang missraten.

«Weine sind wie eine Frau», äußerte bereits der sachkundige Baron Philippe de Rothschild, «unbeständig, zurück-

haltend und schwer zufrieden zu stellen. Wann immer man sie öffnet, riskiert man, enttäuscht zu werden, sind sie aber in Form – welche Wonnen!»

Ein Wein kann sich spreizen wie eine Diva, kompliziert sein wie eine Diplom-Soziologin, verschlossen wie ein vaterfixierter Tennisstar (aber holla, wenn er beziehungsweise sie sich öffnet!), eingängig-simpel wie eine Landmaid oder einschmeichelnd-direkt wie ein süßer kleiner Großstadt-Feger; er kann elegant anmuten wie eine Weltdame beim Opernball oder hinreißend rustikal schmecken wie der String-Tanga einer Tänzerin am Schichtende. Wein und Frauen gemeinsam ist eine natürliche, meist unverwechselbare Aura von Duft, Geschmack und Aroma, die leider Gottes viele Frauen und manche Winzer künstlich zu übertünchen suchen (man nennt diesen Nonsens übrigens «schönen»). Denken Sie idealtypisch – man muss in diesem Fall auf die gegenwärtigen Ikonen zurückgreifen – an Claudia Schiffer und Naomi Campbell: Jeder wird sofort kapieren, dass man unmöglich zu beiden denselben Wein trinken möchte. Ein absurder Gedanke!

Naturgemäß bietet sich zuerst der Duft der Dame für vinologische Assoziationsspielchen an. Sie müssen sich nur vorstellen – und dies in Ihrer jeweiligen Realität so handhaben –, wie Sie ihre Nase zwischen Hals und Schulter der Frau vergraben, in jene reizende Einbuchtung zwischen Schlüsselbein und Delta-Muskel, tief inhalieren und mit dem jeweiligen Bukett in der Nase zum ganz privaten Sommelier avancieren. Mit Weinen vergleichen – und kombinieren! – lassen sich aber nahezu alle Regionen und Facetten des weiblichen Körpers (und natürlich, aber ja doch, auch der weiblichen Seele). Die Haarfarbe selbstredend, ihr Teint (wobei wir keineswegs die simple Devise ausgeben

• • • • • • •

17

wollen, dass sich der blonde, hellhäutige Typ eher mit Weißweinen, der schwarzhaarige, dunkle dagegen eher mit Rotweinen verträgt, aber *etwas* ist dran) oder das mineralische Farbspiel ihrer Augen, der rauchige Ton ihrer Stimme (denken Sie an Italienerinnen!) oder die Viskosität ihrer Haut (mehr darüber später).

Trinkgenuss und Erotik, Verlangen und Gestilltwerden gehören vom ersten Erdentag an zusammen, von jenem Augenblick an, in welchem sich dem Säugling die Brust der Mutter darbietet. Irgendwann wird sein Mund dem Freudenquell entzogen, und eine zeitlebens leise nachhallende Frustration tritt ein, verbunden mit der Sehnsucht, den glückseligen Zustand wiederherzustellen. Für die erhebenden Momente der Wiederkehr frühkindlichen Behagens und völliger Selbstaufgabe im Genuss – und auch für profanere Zwecke – schuf der liebe Gott alle Frauen (außer Mutti) sowie natürlich die Reben. Empirische Forschungen führten uns zu der Vermutung, dass einzig das Zusammenspiel beider Komponenten zeitweise ins Paradies zurückführt. Selbstverständlich tränken wir auch heute noch den Wein gern direkt aus Brüsten, und wenn die Gentechnik von den Schafen lässt und sich aufs Wesentliche konzentriert, ist vielleicht irgendwann dergleichen möglich.

Von den Brüsten führt ein kurzer, aber meist unerhört beschaulicher Weg in Regionen, die unter anderem das Hohelied Salomos preist («Dein Schoß ist ein rundes Becken, Würzwein mangele ihm nicht»). Jenen, die meinen, wenn sie an diesem Punkt angelangt sind, sei die Weinauswahl relativ egal, stimmen wir nur bedingt zu. Auch hier weiß der wahre Genießer trefflich zu experimentieren, eingedenk der durchaus theologischen Feststellung, die der junge Brecht einer seiner Bühnenfiguren in den Mund legte: «Die Verbindung von Harnröhre und Geschlechtskanal – das konnte nur einem Schwein einfallen.» Für die Kombination mit Weinen bedeutet dieser vermeintliche demiurgische Fehlgriff aber eine göttliche Herausforderung.

Günter Grass lässt seinen «Blechtrommel»-Helden Oskar Matzerath den körpermittigen Duft einer Frau wie den von «strengen Pfifferlingen» empfinden; wir würden dazu einen POMEROL empfehlen. «Damensattel nach scharfem Ritt» ist eine im Endstadium ausgiebiger Degustationen heutzutage übliche Definition bestimmter Weinaromen, die je nach Gelehrtenmeinung einem jüngeren CÔTES DU RHÔNE oder einem bulgarischen CABERNET SAUVIGNON entfleuchen können, und das zarte Leder-Lakritze-Trüffel-Veilchen-Odeur, welches ein vor Stunden dekantierter BARBARESCO verströmt, vermag bei einem olfaktorisch halbwegs reizbaren Herrn lieblichste Erinnerungen an die letzte Eroberung zu wecken. (Dass spezielle Weine exakt zu speziellen Käsen passen und sich auch für den deftigsten Roquefort ein Reb-Pendant findet, etwa ein SAUTERNES, ist ein Fingerzeig der Natur, den wir hier sozusagen als Wink mit dem Zaunpfahl einschalten.)

Wir erinnern in diesem Zusammenhang an die tiefsinnige Feststellung des Marquis de Sade, dass jeder wahre Genuss aus einem überwundenen Ekel herrühre, ohne uns ihr freilich hundertprozentig anzuschließen. Die Auswahl des Nektars für das Große Finale mit all seinen Pikanterien überlassen wir natürlich Ihnen.

FRAUEN UND SPEISEN

Egal, ob Sie Frauen oder Speisen genießen, es sind artverwandte Vorgänge. Die Liebe ist eine abgemilderte Form gegenseitigen Verzehrs; Essen und Trinken sind integrale Bestandteile des Vorspiels, je nach Gusto auch der sexuellen Beiwohnung selbst. Ein gedeckter Tisch besitzt viele Gemeinsamkeiten mit einem gemachten Bett, auf welchem sich die Dame Ihrer Wahl räkelt. Der Anblick von Geschirr, Besteck und Gläsern ähnelt dem von Dessous, in welche sich das Mahl hüllt. Der Schlemmer wird keinesfalls über die aufreizenden Köstlichkeiten herfallen wie die Rote Armee über Ostpreußen. Er wird vielmehr kennerisch prüfend Augen und Nüstern aufsperren, hie und da kosten, da und dort die Konsistenz testen, seine eigene Gier zügeln und in größtmöglicher zeitlicher Dehnung das Freudenwerk des Verspeisens beziehungsweise Vernaschens verrichten. Und weder Vorspeise noch Hauptgericht wird er trocken hinunterwürgen.

Sprichwörtlich war bereits der Aufwand, den der pensionierte römische Feldherr Lukullus an seiner Tafel trieb. Bei seinen Schmausereien durften nie Musikanten und natürlich auch keineswegs Hetären fehlen, die ihre Künste spielen ließen. Casanova schmeckte das Austernfleisch erst, wenn er es aus den Dekolletés beschwipster Jungfrauen fischte. Ludwig der Vierzehnte wiederum – ach, lassen wir das. Diese historischen Herrschaften verstanden zu leben, gewiss, aber ob sie den komplizierten Anforderungen gewachsen wären, denen sich dieser Ratgeber stellt, ist eher zu bezweifeln. Der Grad weiblicher Emanzipation war allgemein noch zu gering, das Weib an sich hatte sich noch nicht zu jener schillernden Gestalten-Vielfalt aufgeschwungen, die heute herrscht, die verschiedenen Kulturen waren zudem relativ streng voneinander getrennt, und auch der Wein dürfte nicht die Qualität, geschweige denn die geschmackliche Fülle der Jetztzeit geboten haben.

Wichtig ist jedenfalls, dass Sie die Kombination Speise-Wein-Frau ernsthaft bedenken und sich nicht einfach an irgendwelche Gepflogenheiten oder Unsitten halten. Man kann da nämlich immer noch die haarsträubendsten Dinge erleben. Es gibt beispielsweise Herren, die PINOT GRIGIO zu Trüffeln bestellen (bei dem konkreten Fall, den wir im Auge haben, harmonierten die piemontesischen Edelpilze ausnehmend gut mit der Dame am Tisch, aber der Wein machte alles zunichte). Manche Duos bestellen einen Rosé, wenn man sich sowohl für Fisch als auch für Fleisch entschieden hat, aber mit nur einer Flasche über die Runden zu kommen gedenkt; der Wein als Kompromiss also. Rosé aber passt meistens nicht. Überlassen Sie die Kompromisse den Gewerkschaften, beim (Liebes-)Mahl haben sie nichts zu suchen. Es ist nicht minder unangebracht, grundsätzlich Rotwein zur Käseplatte zu trinken (am besten noch das letzte Glas dafür aufzusparen), denn zwei Drittel aller Käse harmonieren besser mit einem reifen, gegebenenfalls restsüßen Weißwein als mit tanninstarkem Roten. Wer hier bereits überfordert ist, hat für den geeigneten Tropfen zur Frau schon gar kein Empfinden mehr.

Orientieren Sie sich auch nicht an den Koordinaten, die die Traumfabrik bei L.A. vorgibt. Was die Helden in den

Hollywood-Streifen zu den meist überaus reizenden Damen an Speisen und Getränken konsumieren, hat weder mit Sinnesfreude noch mit der Mariage von Bacchus und Venus zu tun, sondern eher mit der typisch kalifornischen Neurose, dass Essen und Trinken dick und krank machen. Nehmen Sie selbst ein so kultiviertes Geschöpf wie den Serienkiller Hannibal Lecter aus dem Schocker «Das Schweigen der Lämmer»: Alle waren entsetzt, als der kannibalische Seelendoktor erklärte, die Leber eines seiner Opfer zu einem Glas CHIANTI genossen zu haben. Wir waren schockiert, weil er zur Leber Chianti trank; das verträgt sich weder miteinander noch mit dem Habitus eines gebildeten Mörders. Selbstredend trinkt man zur Leber einen jungen Rotwein – obgleich bei der gegrillten Variante ein MEURSAULT mitunter auch nicht verkehrt wäre –, aber wenn, dann doch einen guten BEAUJOLAIS-CRU, einen MÉDOC oder einen ZINFANDEL. (Okay, in diesem Fall hat die Pointe gesiegt; notfalls geht auch Chianti, aber dann einen FONTALLORO von FELSINA!)

Nun werden Sie die Frau nicht gleich anknabbern wollen, obwohl die stehende Redensart «jemanden zum Fressen gern haben» darauf hindeutet, dass atavistisch-ungezähmte Gier zu dergleichen liebevollen Untaten führen konnte. Das gibt heutzutage aber nur Ärger und enthebt Sie des Vergnügens, eine Frau wiederholt zu genießen. Wenn Sie ein Lustbeißer sind, bietet die Küche ja gottlob einige Alternativen; wir denken beispielsweise an gegrillten Tintenfisch und dazu einen HERMITAGE BLANC.

Sollte sich allerdings zur Dame Ihrer Passion ausschließlich Rotwein anbieten, seien Sie kein Formalist und tischen Sie mutig einen gekühlten BOURGUEIL zum Seeteufel auf. Ignorieren Sie öfter mal überkommene Trinksitten und störrische Oberkellner! Missachten Sie den Bellini zum Aperitif, bestehen Sie auf einem jungen Burgunder mit Erdbeeren. Ordern Sie forsch einen reifen Weißen zur Käseauswahl. Regeln sind bekanntlich da, damit man sie verletzt, und als versierter Tabubrecher machen Sie gleich mal einen guten Eindruck auf die Holde – Hauptsache, Sie haben eine irgendwie einleuchtende Begründung parat. Freilich sollten Sie nicht vor lauter Unkonventionalität auf jegliche Etikette verzichten. Es stimmt zwar, dass mit den Fingern essen sexy ist; das gilt aber vornehmlich für Krusten- und Schalentiere, die sich nicht zuletzt der leicht enthemmten Verzehrprozedur wegen ihren Ruf als erotische Animateure erworben haben. Eine Meeresfrüchteplatte nimmt jedem Mahl die Steifheit und ist zugleich ideale Voraussetzung für eine andernorts geforderte. Je leichter und unaufgesetzter das Arrangement, desto weniger verschnürt werden Sie die Frau erleben. Es müssen nicht immer Austern und Seeigel sein – auch eine mit allen Aromen aus Tausendundeiner Nacht gewürzte libanesische Vorspeisen-Karawane, kräftig getränkt mit einem SAUVIGNON BLANC aus dem Barrique, kann Ihre Dame ermuntern, die oberen Knöpfe der Bluse zu öffnen.

Kombinieren Sie Ihre lukullischen Offerten kühn über Ländergrenzen und Kontinente hinweg (die Damen selbst natürlich auch). Kredenzen Sie zum Nordseeheilbutt einen CHARDONNAY aus der Steiermark, zum bayerischen Hirschbraten einen chilenischen CABERNET SAUVIGNON. Thailändische Garnelen, mit Ingwer und Zitronengras aromatisiert, vertragen sich mit einer halbtrockenen RIESLING-SPÄTLESE; ein kalifornischer PINOT NOIR schmeichelt einer geschmorten Taube aus der französischen Bresse.

Die Vermählung von Speise und Trank findet ihre erotische Entsprechung im Kuss – und zwar nicht nur in jenem

von Mund zu Mund. Ein Kuss schmeckt – meistens hinreißend –, umgekehrt ist der Geschmack ein Kuss; Küssen und Schmecken sind identisch, im oralen Genuss vereinigen sich Erotik und Mahl. Die alten Ägypter, zumindest die in den höheren Rängen, umschrieben den Verzehr von Köstlichkeiten mit der poesievollen Formulierung «die Speisen küssen»; Pharao aß den Granatapfel nicht, er küsste ihn. «Trauben am Weinstock seien mir deine Brüste», heißt es im bereits zitierten Hohelied, «Apfelduft sei der Duft deines Atems, dein Mund köstlicher Wein, der glatt in mich eingeht, der Lippen und Zähne mir netzt.» (Müßig zu erwähnen, dass die Verliebten in den Weinberg gehen, wo «die Rebenblüte sich öffnet».) In Oscar Wildes Drama «Salome», wenn wir gerade bei der Bibel Halt machen, fordert König Herodes seine Stieftochter Salome auf, an seinem Wein zu nippen, damit er von derselben Stelle des Glases trinken und den Kuss damit indirekt erwidern könne – das kennen Sie gewiss vom zweiten Date, wo man dazu übergeht, sich einen Dessertlöffel zu teilen. Der Kuss weiß viele Wege zu vielen Zielen.

Küssen und schmecken können Sie sowohl Speisen und Getränke als auch Frauen. Gastronomie und Erotik haben die Vermengung ästhetischer Zelebrierung und naturhafter Lustbefriedigung gemeinsam. Die Inszenierung, die genussvolle Steigerung des Verlangens, die Reizung der Sinne sind Teil des kulinarisch-erotischen Schauspiels. Das Schlürfen von Austern etwa ist ein ebenso frivoler wie lukullischer Vorgang. Der Genießer legt Wert darauf, dass beide Komponenten in das Kunstwerk des kulinarisch umrankten Tête-à-tête einfließen. Kurt Tucholsky, um die Sache einmal von der anderen Seite aufzuziehen, wollte sogar den Wein liebkosen und bedauerte, ihn nicht streicheln zu können.

Genuss in jeder Beziehung fordert das sprachliche Vermögen heraus, der Genießer ist normalerweise auch ein Verbal-Genießer und die Kommunikation mit ihm integraler Bestandteil des Mahles. Feinschmecker sind Sprachliebhaber, Liebhaber überhaupt, sie lieben den Genuss in jeder Form und erliegen beständig der Versuchung, eine Frau, einen Wein, ein Gericht in Worte zu fassen, bevor und während sie sich darüber hermachen. Die Verwandtschaft von vinologischem und erotischem Vokabular ist evident (dazu gleich mehr). Vergessen Sie also beim Training von Gaumen und Zunge nicht die Vervollkommnung Ihrer Assoziationen und Ihres Vokabulars. Wenn Sie bei Tische darüber philosophieren, mit welchem Futter der Kapaun gemästet wurde, in welchem Kieselboden der Merlot wurzelte (und, in Gedanken, mit wie vielen und welchen Männern die Frau vor Ihnen schlief), dann wird Ihre Tischdame zunächst fasziniert lauschen und schließlich ein Teil jenes Gesamtkunstwerkes sein wollen, welches Sie zelebrieren.

DER UNTERSCHIED
ZWISCHEN WEIN *mit* UND WEIN
zu EINER FRAU

Dieser Ratgeber trägt den Titel «Welcher Wein *zu* welcher Frau?» Damit befinden wir uns bereits im fortgeschrittenen Stadium geschmacklicher Abstimmung. An das Wissen, wie sich die individuellen Aromen und Temperamente dieser beiden genusstechnischen Gottesbeweise harmonisch vereinigen lassen, müssen Sie sich herantasten. Die Vorstufe dazu lautet: Welcher Wein *mit* welcher Frau? Das heißt, wir unterscheiden zwischen der allgemein typbezogenen und der individuell abgestimmten Kombination von Wein und Weib. Allgemein typbezogene Weine richten sich nach dem ersten Eindruck, den die Dame vermittelt, und nach ihrem sozialen Status. Die Wahl eines individuell abgestimmten Weines setzt bereits genauere Kenntnisse voraus, vor allem der charakterlichen und körperlichen Eigenarten Ihrer Favoritin.

Dem zielorientierten Don Juan gelten beide letztlich als Mittel-zum-Zweck-Weine (wobei er bereits mit Ersterem ans Ziel gelangen kann, bevor er mit den spezielleren Tropfen zu experimentieren beginnt). Als ein in diesem Sinne unmittelbar zweckgebundener Wein könnte beispielsweise ein 1997er WEISSBURGUNDER AUSLESE TROCKEN aus der so genannten Orchideenserie der WINZERGENOSSENSCHAFT SASBACH am Kaiserstuhl fungieren, ein extrem fruchtiger und dadurch seine Wattzahl verbergender weißer Muskelprotz, zu empfehlen bei Frauen, die stets genau darauf

. . . .

achten, wie viel sie trinken – wenn Sie das Etikett sorgfältig aus ihrem Gesichtsfeld drehen, wird sie nicht bemerken, dass sie mit 16,5 Volumenprozent Alkohol erstürmt wird. Nennen wir ihn einen Flachleg-Wein. (Vergessen Sie nicht, dass auch ein solcher trefflich munden muss!) Dieser Ansatz ist indes etwas vordergründig. Er wird zwar hin und wieder auf diesen Seiten durchschimmern – ungefähr halb so stark wie im wirklichen Leben –, aber der wahre Genießer ist darauf nicht angewiesen.

Ein anderer allgemein zweckorientierter Tropfen ist beispielsweise der Angeber- oder Beeindrucker-Wein. Mit Geschmack hat seine Funktion relativ wenig zu tun, egal, wie brillant er ist; es geht bei ihm um Preis und Etikett, zuweilen auch um die großen Schwierigkeiten, ihn zu bekommen. Es interessiert Ihre Escada-gewandte Büronachbarin mit Paris- und Prada-Tick überhaupt nicht, wie hinreißend fruchtig-würzig beispielsweise irgendein namenloser Aufsteiger aus dem Languedoc über den Gaumen geht, obwohl der viel besser zu ihr passen würde; sie will LAFITE-ROTHSCHILD hören und sehen, und selbst wenn Sie ihr einen 1984er hinstellen, wird sie begeistert sein. Sie trinkt den Namen. (Es gibt übrigens mit Sicherheit noch weitaus mehr Männer als Frauen, die das tun, aber die sollen uns nicht scheren.)

So stuft sich der mittelbare gegen den unmittelbaren Zweck Schritt für Schritt ab: Es gibt moderate Kennenlern-Weine, animierende Diskussions-Weine, saftige Spaß-Weine, ernährungspolitisch korrekte Bio-Weine, ästhetisch beeindruckende Weine (hängt vom vinologischen Reifegrad der Partnerin ab) und dergleichen mehr. *

Doch zurück zum Unterschied zwischen *mit* und *zu*. Ihre erste Überlegung, wenn Sie eine Premiere mit einer Lady haben, wird zwangsläufig darauf zielen, welchen Wein Sie *mit* ihr trinken, denn Sie kennen die Auserkorene noch nicht so gut, dass Sie sich darüber Gedanken machen könnten, welcher Rebenextrakt *zu* ihr passt. Nun liegt auf der Hand, dass Sie mit einem zwischen New York, Paris und Mailand wöchentlich hin- und herjettenden Model etwas anderes trinken als mit einer bei den Grünen engagierten Philosophiestudentin oder einer proseccofixierten Friseuse. Wenn es sich zudem noch um verschiedene Altersgruppen handelt, wenn nationale Eigenarten oder ethnische Differenzen dazukommen, werden die Weinauswahlkriterien ähnlich unübersichtlich wie die Lagenbezeichnungen in Burgund.

Eben dieser Unübersichtlichkeit wird auch der vorliegende Ratgeber keine eindeutigen Raster überstülpen; das liegt außerhalb menschlichen Vermögens und somit auch unserer Absicht. Merlot ist nicht gleich Merlot, Blondine ist nicht gleich Blondine, Schwäbin ist nicht gleich Schwäbin, BWL-Studentin nicht gleich BWL-Studentin und so weiter. Auch blonde schwäbische BWL-Studentin ist nicht

---

* Zum Kennenlernen: Ein putzmunterer, animierend brombeerfruchtiger 1996er CHIANTI CLASSICO von QUERCIABELLA (Toskana) bringt jedes Rendezvous in Schwung.

Für Debattierer: Auf der Tagesordnung stehen Finesse, Aromenvielfalt und perfektes Tanninmanagement. Das Thema: 1996er SYRAH EISELE VINEYARD, Araujo, Kalifornien.

Zum Spaßhaben: Der süffige, mollige 1998er «VITUS» WEISSBURGUNDER TROCKEN QbA vom Weingut DR. HEGER (Baden) erfreut fröhliche Tafelrunden und muntert depressive Zeitgenossen auf.

Zum Missionieren: Der 1989er COULÉE DE SERRANT (Loire) legt Zeugnis ab vom Segen der Biowein-Erzeugung – Stoff mit nahezu überirdischer Lebenserwartung.

Für Ästhetiker/innen: Elegantes Muskelspiel – ein 1989er CHÂTEAU LÉOVILLE-BARTON (St-Julien, Bordeaux) setzt seine Männlichkeit diskret in Szene.

gleich blonde schwäbische BWL-Studentin, aber man kommt der Übereinstimmung ein kleines Stück näher. Um dieses kleine Stück soll es gehen. Es genügt vollkommen, wenn Sie das Buch als allgemeine Anregung verstehen, individuellen Assoziationen nachzugehen.

Sie sollten jedenfalls den Wein (und das Essen) zunächst dem Typ Frau anpassen, mit dem Sie gerade zu tun haben. Dafür müssen Sie herausfinden, wie verwöhnt ihr Gaumen ist (ob sie ihren Beluga-Kaviar ausschließlich mit 1989er CHAMPAGNER KRUG CLOS DU MESNIL hinunterspült), welche Prioritäten sie setzt (ob sie zwar locker 150 Mark in eine «Rheingold»-Aufführung investiert, aber einen Rheingau-Riesling mit 20 Mark bereits für überteuert hält), was sie nicht versteht (dass sie beispielsweise den zarten Vanillekuss eines kalifornischen Chardonnay für Kork hält) und welche Aversionen sie hegt (etwa gegen einen unschuldigen Sauternes, weil der eine Gänsestopfleber begleitet und die Dame Tierschützerin ist). Was bei der einen als gerade noch akzeptabel durchgeht, kann die andere für Prahlerei halten. Deshalb werden wir im zweiten Teil eine Grobeinteilung in Nationalitäten und Frauentypen vornehmen, ehe wir uns dem delikateren Unterfangen zuwenden, speziellen Frauen spezielle Weine zuzuordnen. Dieses allmähliche Einkreisen des Problems entspricht übrigens ziemlich genau dem Weg vom *mit* zum *zu*. Wenn Sie irgendwann mit traumwandlerischer Sicherheit sagen können: Zu dieser Frau würde mir am besten ein 1990er MEURSAULT PREMIER CRU von COCHE-DURY schmecken, haben Sie das Klassenziel erreicht.

Die Weinsprache
und ihre Beziehung zum
weiblichen Geschlecht

Naturgemäß zeigt die jahreszeitliche Abfolge der Arbeiten im Weinbau mit dem weiblichen Lebenszyklus eine Fülle von Gemeinsamkeiten, die hier aufzuzählen sich aus Platzmangel verbietet. Aus Gründen der Plausibilität sei jedoch der Dualismus einiger Vokabeln erwähnt: Im Weinberg mögen das Austrieb, Blüte, Pflege oder Reife sein; im Keller trifft dies auf Anreicherung, Abstich und Abfüllung zu.

Für den Leser dürfte ein weiterer Aspekt von noch größerem Nutzen sein: Bekanntlich wollen Typus und Charakter, Eigenarten und Besonderheiten des jeweiligen Objekts analysiert, hinterfragt und kommentiert werden. Beim Rendezvous kommt gerade in der Phase der vorsichtigen Annäherung der richtigen Wahl der Worte entscheidende Bedeutung zu. Wer einen galicischen Albariño zur Paella mit Meeresfrüchten nicht überzeugend begründen kann, der droht auch in der Ansprache seiner Tischdame zu versagen. Drei abschreckende Beispiele seien hier genannt: Nichts ist peinlicher als die Plattitüden jener Banalisten, die ein «angenehm, gefällig» (Getränk) mit einem «die Bluse steht Ihnen wirklich gut» (Frau) kombinieren. Ebenso unerfreulich wirkt der Auftritt schwitzender Genuss-Eleven, die, hilflos nach Worten ringend, ihre Eindrücke niemals aus dem Stadium subjektiver Empfindung in das des objektiv Nachvollziehbaren übertragen können. Die dritte Spezies ist der Bluffer, der nicht vorhandenes Wissen und rudimentäre sensorische Fähigkeiten durch schamlosen Einsatz pseudo-poetischer Beschwörungen zu kompensieren sucht («Dieser Tropfen ist ein Gedicht – Sie auch, gnä' Frau»). Über Typen, die ausschließlich von sich reden, sei gänzlich der Mantel des Schweigens gebreitet.

Der erfahrene Genießer versteht es, nicht nur zutreffend zu analysieren, sondern auch exakt zu formulieren, wobei er sich jene verblüffenden Parallelen zunutze macht, die sich in Charakter und Erscheinungsformen von Wein/Weib darbieten. Studiert man etwa das Degustationsblatt der britischen Autoritäten Hugh Johnson und Michael Broadbent für «The Christie's-Sunday Times Wine Club», wird diese Dualität offenbar. Mit Auge, Nase und Gaumen beurteilen die beiden Gentlemen den Inhalt des Glases, und dieses Verfahren werden Sie auch bei Ihrer Probandin anwenden, bis schließlich der Tastsinn zum Einsatz kommt.

Nun gilt es, die Ergebnisse Ihrer Untersuchungen in Worte zu kleiden. Dazu steht ein beeindruckendes Vokabular zur Verfügung, aus dem wir einige Beispiele nennen, die sich natürlich nach Gusto ergänzen und ausschmücken lassen. Zuvor muss jedoch auf eine gewisse Nebenwirkung hingewiesen werden. Über Wein zu schreiben, befand der Kulinariker Joseph Wechsberg (und über Wein zu reden, ergänzen wir), sei fast so vergnüglich und ebenso gefährlich wie über die Frauen. In beiden Fällen wisse man nie genau, wo die Wahrheit ende und die Dichtung beginne. Trotzdem oder gerade deswegen: Prüfen und/oder erweitern Sie Ihren einschlägigen Wortschatz mit der folgenden Auslese! Welche Prädikate Sie Ihrem Getränk und welche Sie Ihrer Gefährtin zuordnen, müssen Sie entscheiden. Wir demonstrieren nachfolgend anhand von hundert klassischen Begriffen aus der Önologen-Sprache ihre Anwendbarkeit auf beide.

· · · · · · ·

34

Abgang (guter) Großes «Finish», wesentliches Qualitätsmerkmal.

Aufdringlich Allzu schnell präsent, danach meist enttäuschend.

Aufgeblüht Alters- oder anlassspezifisch geöffnet, jetzt konsumieren!

Ausgetrocknet Welk bis hinüber.

Ansprechend Keine Sensation, aber in Erwägung zu ziehen.

Bissig Kleines Raubkätzchen.

Bitter Von Negativ-Erfahrungen gezeichnet.

Blumig Intensiv-jugendlicher Duft.

Brandig Finger weg!

Brillant Voller Esprit, hoher Unterhaltungswert.

Charmant Überzeugend, einnehmend.

Charakteristisch Mit allen typisch regionalen Stärken und Schwächen.

Derb Kräftig zupacken, hernehmen!

Duftig Verspricht viel, muss nicht alles halten.

Dünn Bescheidenes Genussspektrum, wenig Körper.

Einfach Ein Simpelchen eben, ein kleiner Sauser.

Elegant Für höhere Ansprüche.

Entwickelt Früchtchen im fortgeschrittenen Stadium.

Erdig Landpomeranze.

Extraktreich Konzentrierte Fülle.

Fad Vor Tische sah man's anders.

Faserig Hager, dünn, unausgewogen.

· · · · · · ·

Fein Zum Runterkippen viel zu schade.

Feminin Anziehend, reizend, nachgiebig, fragil, zart.

Fest Solide Konstitution.

Fett Ausfüllend. Etwas aus der Mode, aber wenn Sie's mögen …

Fleischig Ein taktiles Vergnügen.

Finessenreich Voller angenehmer Überraschungen.

Flach Kommt leider immer wieder vor.

Frisch Knackig, geradeaus, erquickend.

Frühreif Hauptsache reif!

Fruchtig Im Bestfall: Erntezeit im Paradies.

Gealtert Schade eigentlich.

Gefällig Keine Sensation, aber zum alltäglichen Verzehr.

Geschmeidig Gazellenhaft, schmiegsame Textur.

Gesund Fehlerlos.

Griffig Ausgeprägt, schneidig.

Grün Haben Sie Geduld.

Hart Zu viele Gerbstoffe, abweisend.

Hitzig Noch im Gärzustand, aber durchaus genießbar.

Hochgetönt Fast ätherisch.

Hohl Inhaltsarm, ohne Mitte.

Hölzern Spröde, dröge, unbeweglich.

Kantig Liegt quer.

Käsig Nicht unbedingt despektierlich, etwas für Freaks.

Klein Fruchtzwerg(in).

Kurz Ein Quickie.

Lang Ausdauernd, widerständig, nicht enden wollend.

• • • • • • •

Lebhaft Voller Energie.

Ledrig Olfaktorisch: reizvoll.
Dermatologisch: O weh!

Lieblich Ach, wie süß!

Mager Kate-Moss-Spezialcuvée.

Mild Reizarm, harmlos.

Nervig Erregend, vibrierend, oft sehr edel.

Nobel Großzügig, sich verschenkend.

Ölig Lasziv, etwas ordinär.

Opulent Das volle Programm.

Parfümiert Übertünchen des wahren Charakters.

Pfeffrig Feurig, springt in die Nase.

Pikant Mit reizvollem Beigeschmack.

Pilzig Mitunter Spezifikum bei älteren
Jahrgängen.

Raffiniert Verführerisch, doppelbödig.

Rassig Wild, herausfordernd, durchaus
aggressiv, nichts für Sitzpinkler.

Rau Kratzbürstig.

Reichhaltig 1001 Variante in einem.

Reif Spät, aber vielleicht nicht *zu* spät.

Robust Strapazierfähig, herzhaft, nicht
sonderlich sensibel.

Rund Wohlproportioniert, harmonisch,
alles dran.

Rustikal Deftig, versaut, kann ordentlich was ab.

Saftig Viel Genuss für Zunge und Gaumen,
recht zum Kauen.

Samtig Kuschelig. Zum Reinlegen.

Sanft Viele Streicheleinheiten.

Sauber Das wollen wir doch hoffen.

Säuerlich Zickig, zitronenhaft.

· · · · · · ·

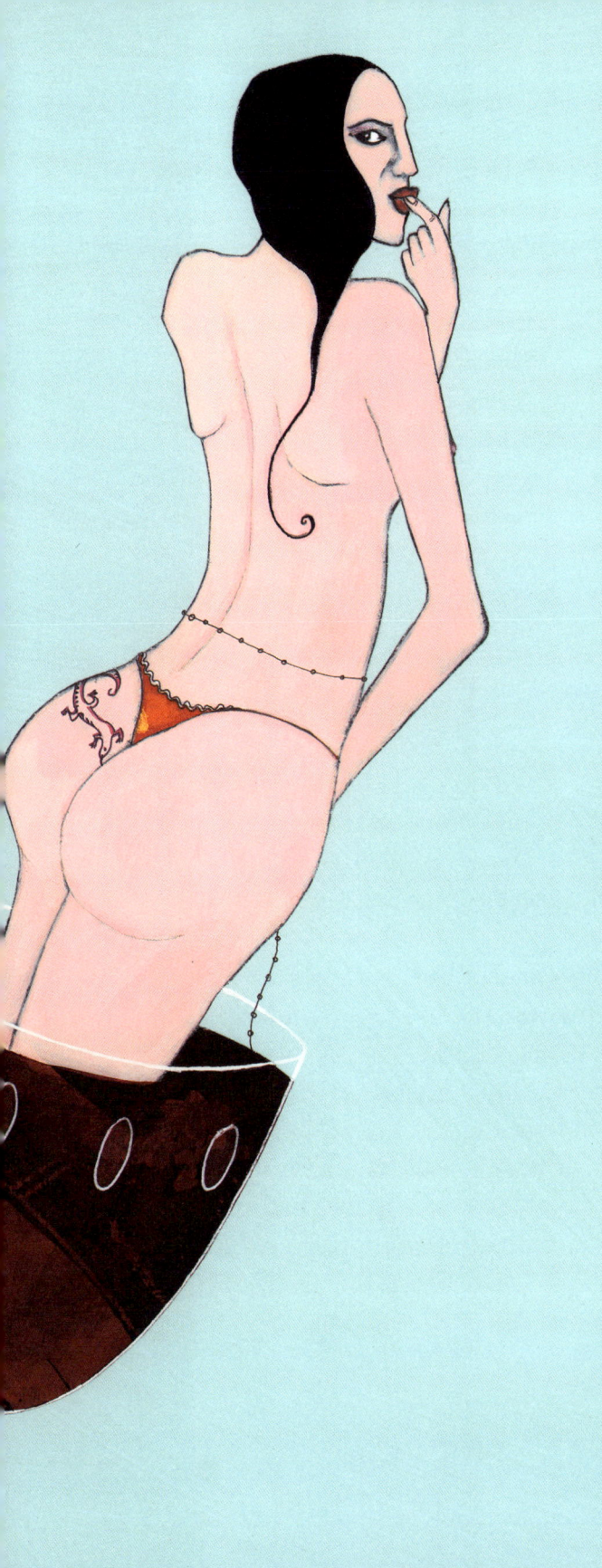

Schlaff Wie Champagner ohne Perlen.

Schlank Gut gebaut, attraktiv.

Schlicht Anspruchslos, für den bescheidenen Anlass.

Schwer Nur für ganze Kerle.

Sehnig Hager, drahtig, muskulös.

Seidig In hübschen Dessous aufwartend.

Spritzig Leicht, frisch, fröhlich.

Spröde Ohne Zuwendung ungenießbar.

Stahlig Wehrt jeden nicht ernst gemeinten Annäherungsversuch ab.

Stämmig Wird schließlich doch gefällt.

Stilvoll Guter Auftritt, selbstbewusst, eigenständig.

Streng Herb, verhärmt, verhärtet.

Süß Zum Nachtisch.

Tief Harrt darauf, ausgelotet zu werden.

Unreif Abwarten, später probieren.

Üppig Strotzend, gewaltig, animierend.

Verblüht Auf die jüngere Generation umsteigen!

Verschlossen Braucht Geduld und Ausdauer.

Voll entwickelt Fertig, optimaler Reifezustand.

Vollmundig Sehr sinnlich, viel versprechend, betörend.

Vordergündig Viel Pose, wenig dahinter.

Wässrig Ohne Charakter.

Weich Nachgiebig, formbar.

Wuchtig Sparrings-Partner(in) für den Infight.

Zart Elfenhaft.

Zurückhaltend Noch nicht entwickelt, aber ganz viel versprechend.

· · · · · ·

PRAKTISCHER TEIL

Genuss ohne Grenzen

Die praktische Anwendung der soeben gewonnenen Erkenntnisse ist natürlich der eigentliche Sinn dieses Ratgebers. Wir müssen uns also konkreten Erscheinungsformen des Phänomens Frau nähern. Zu diesem Zwecke teilen wir im Folgenden die Damen in Kategorien ein, beginnend mit der allgemeinsten: der Herkunft. Bekanntlich herrschen in anderen Ländern andere Sitten, was selbstredend auch für unser Thema gilt. Wir sind uns im Klaren darüber, dass ein Riesenorganismus, wie die weibliche Hälfte einer Nation ihn verkörpert, sich nicht ernsthaft, in welcher Frage auch immer, in irgendwelche Klassifikationen pressen lässt, aber das lässt uns völlig kalt. Irgendwo müssen wir ja beginnen. Folgen Sie uns also aufs vertraute Terrain der guten alten zwischenstaatlichen beziehungsweise zwischengeschlechtlichen Ressentiments!

Beginnen wir mutig mit der kompliziertesten aller Herausforderungen – den Französinnen Es handelt sich um ausgesprochen schwierige Fälle, weil sie sich einbilden, verwöhnt zu sein, dies aber in Wirklichkeit selten sind. Faustregel: Die Französin trinkt französischen Wein. Außerdem liebt sie kleine Spielchen, die sie mit akribischem Vergnügen inszeniert. Spielen Sie mit! Gönnen Sie ihr ihre Eitelkeiten und ihren Chauvinismus, schlürfen Sie mit ihr Austern und wagen Sie sich an die Andouillette, jene pene-

trant pestende Wurst aus kleingeschnippeltem Schweinegedärm, die als eine Art kulinarisches Nationalheiligtum in der Ruhmeshalle der Grande Nation gleich auf de Gaulle und die Tour de France folgt (ein Pfälzer Saumagen riecht nicht halb so pervers).

Wähnt Ihre Partnerin die Machtverhältnisse alsbald geklärt, starten Sie subtile, aber gezielte Entlastungsangriffe. Stereotyp und automatisch verlangt die Französin zum Auftakt des Mahls nach Champagner, selbst mitten in der Woche. Stimmen Sie freudig zu – und fragen Sie den Maître beiläufig, aber bestimmt nach einem nervig-eleganten BILLECART-SALMON BLANC DE BLANCS oder gar einem komplexen, im Holzfass vergorenen Jahrgangsschampus von JACQUES SELOSSE. Nach dieser auch jeden französischen Sommelier beeindruckenden Order sind Ihnen erstaunt-respektvolle Blicke Ihrer Dame sicher; beim dritten Glas wird sie vertrauensvoll nach Ihrer Hand greifen wie weiland François Mitterrand nach der von Helmut Kohl.

Als Menübegleiter wählen französische Esser in der Regel – unter Missachtung der beeindruckend vielfältigen Erzeugnisse sämtlicher Départements – einen Rotwein aus, den sie konsequent sowohl mit Meeresfrüchten als auch mit Entrecôte und Camembert kombinieren. Punkten Sie hier noch einmal, indem Sie kundig einen Roten bestellen, der in Paris en vogue ist: einen frisch-charmanten SAUMUR-CHAMPIGNY aus dem verkannten Anjou etwa. Einen Überraschungstreffer landen Sie allerdings mit einem völlig unbekannten Bordeaux-Château, das Sie willkürlich aus der Karte auswählen, aber souverän zum absoluten Geheimtipp erklären. Die Pirsch nach derartigen Trouvaillen gilt nämlich in Gallien als Volkssport; bitten Sie ma chère um ihr fachkundiges Urteil (und schonen Sie Ihr Portemonnaie).

Nach dieser Pflichtübung dürfte Mademoiselle Sie als ernst zu nehmenden Genießer anerkannt haben; beim nächsten Rendezvous – oder vielleicht noch am selben Abend – ist der Wechsel vom Beeindrucker-Wein zum Nonplusultra-Tropfen fällig. Alles andere als ein großer Burgunder kommt dabei nicht in Betracht. Einige Jahre Flaschenreife sind ein Muss – selbst dann, wenn Chérie im ersten Semester an der Sorbonne studiert. Der Beweis entschwebt dem Glas wie Botticellis Venus ihrer Muschel: Die kapriziöse, bisweilen launische Pinot-noir-Rebe enthüllt nämlich im Idealfall eine himbeerduftige, seidige Finesse, die sich am Gaumen mit stimulierenden Noten von Ambra, Moschus und Trüffel vereint, um sich dann in einen unendlich langen, wonnigen Nachhall zu ergießen. Die Frage nach der Höhe der Investition verbietet sich in diesem Fall von selbst. Verkaufen Sie Ihr Aktiendepot, treiben Sie eine zwanzig Jahre alte Flasche aus dem Keller von Madame Lalou Bize-Leroy (DOMAINE LEROY) auf und entschweben Sie ins Nirwana der Glückseligen. (Dass Sie Kalifornier kennen, die vielleicht noch besser sind, erzählen Sie ihr erst, wenn Sie das Stadium der Streitbarkeit erreicht haben.)

Italienerinnen sind laut, fröhlich, modebewusst, stark geschminkt, oberflächlich, bewegungsfaul, verlockend, oft betörend rassig und ähneln damit den Weinen ihres Heimatlandes auf nicht unerhebliche Weise. Der Italienerin wird aber auch nachgesagt, dass sie sich nach dem Entkorken kaum anders verhält als beispielsweise ein mittelschwerer BRUNELLO: auf Anhieb sehr präsent, temperamentvoll und überwältigend, aber sehr schnell nachlassend und verblassend. Da die Italienerin selten als einzelnes Individuum, sondern meist nur als Bestandteil ihrer Familie vorkommt, sollten Sie die Folgen Ihrer Vergnügungen in Rechnung stellen: Wenn es sich um ein Mezzogiorno-Mädchen handelt, werden ihre Brüder dafür sorgen, dass es Sie weder allzu schnell noch überhaupt jemals nach geschmacklicher Abwechslung gelüstet. (Der Norditalienerin können Sie in der Regel davonlaufen, ohne sich gleich in den Schutz der GSG-9 begeben zu müssen.)

Die Wahrscheinlichkeit, dass Sie in dergleichen Situationen geraten, liegt freilich nicht besonders hoch, denn dieser mediterrane Menschenschlag bleibt bei aller ostentativ-lautstarken Geselligkeit gern unter sich. Es versteht sich von selbst, dass Sie, falls Sie dort einzudringen gedenken, (süd)italienische Tropfen zu trinken und äußerst lautstark zu lobpreisen haben.

Eine erfreulichere Szenerie ergibt sich, wenn Sie mit einer zumindest bedingt kosmopolitischen Norditalienerin anbandeln, die diese Einstellung übrigens in der Regel durch ihr blond gefärbtes Haar signalisiert. Erwarten Sie freilich nicht, dass Ihre Milaneserin völlig widerspruchslos etwa einen quicklebendigen, goldgelb funkelnden badischen WEISSBURGUNDER akzeptiert (obwohl der gut zu ihr passen könnte), und halten Sie deshalb alternativ einen eleganten BARBERA aus gutem Haus (beispielsweise PRUNOTTO) bereit (ist die Dame stark geschminkt, empfiehlt sich die Barrique-Variante).

Britinnen Für den gebildeten Festland-Europäer werfen sich zur Britin Fragen auf wie: Warum lebt sie eigentlich auf dieser verregneten Insel? Wie hält sie es dort bloß aus? Warum ist sie so blass? Warum sind ihre Kochkünste so miserabel? Warum denkt sie, dass Gourmets erstens immer

Franzosen sind und zweitens immer Froschschenkel verzehren?

Wir können Ihnen keine dieser Fragen beantworten und Ihnen lediglich raten: Seien Sie auf der Hut vor diesen seltsamen Wesen. Generelle Verhaltensmaßregeln sind schwierig zu erteilen, weil die Britin in unterschiedlichen, bis heute kaum erforschten Erscheinungsformen vorkommt. Als minimale Gemeinsamkeit aller Variationen darf zumindest ein Hang zu rauchigen Düften angenommen werden, den möglicherweise übermäßiger Aufenthalt im Dunstkreis qualmend-anheimelnder Kaminfeuer erzeugt hat. Dieses Syndrom zeigt sich bereits beim morgendlichen Verzehr geräucherter und dann gebratener Heringe («Kippers») – und in gewissen Kreisen auch abends beim Trinken hochwertiger, durch Röstaromen geprägter Bordeaux-Crus (speziell zu dieser Kaste gleich mehr). Die überwiegende Mehrheit der Britinnen jedoch assoziiert zum Begriff Flasche nicht «Wein»-, sondern «Wärm»-. Vertreterinnen dieser Bevölkerungsgruppe eignen sich nur in Ausnahmefällen für unser Vorhaben: der hyperaktive, von der Sonne nicht sonderlich verwöhnte Fergie-Typus etwa, der als geselliger Trinkkumpan dankbar mitzieht, falls Sie die Zeche übernehmen. Kaum weniger kostspielig, auch in Anbetracht der äußerst ungünstigen Pfund-Euro-Beziehung, gestaltet sich die Annäherung an das weit verbreitete Ich-wäre-so-gern-wie-Diana-Modell. Diese identitätslosen Geschöpfe verlangen kategorisch Candlelight-Dinner und einen Spezialschampus, den die Queen of Hearts bevorzugte: Dom Pérignon rosé für 500 Mark die Buddel. Überlegen Sie sich die Investition gut!

Andererseits hortet der Großonkel mancher Britin im Keller seines Schlosses erstaunliche Kollektionen französischer Kreszenzen, mitunter sogar aus Zeiten der Entente. Sie könnten also an eine von Jugendjahren an vinologisch geschulte Fachfrau geraten, die sich zwar äußerlich kaum von Fergie unterscheidet und an der schon gar nichts auf einen diffizilen Gaumen hindeutet, die aber im Restaurant wie selbstverständlich die Weinkarte verlangt, um nach gründlicher Prüfung des Angebots den Sommelier in eine intensive Diskussion über die Vorzüge des 1992er Château Pichon-Longueville, Comtesse de Lalande im Vergleich zum 1992er Château Pichon-Longueville au Baron de Pichon-Longueville zu verwickeln (was Sie zu essen bestellen, ist ihr wiederum völlig egal). Für diesen Fall gibt es eine Erklärung: Ihnen sitzt die weibliche Ausgabe eines «Master of Wine» gegenüber – die Träger dieser Auszeichnung sind fast ausschließlich Briten, die sich dem lebenslangen Studium der Rebsäfte verschrieben haben.

Jedenfalls besteht auch in diesem Falle die erhebliche Gefahr, dass Sie weder *mit* ihr noch *zu* ihr das zu trinken bekommen, was Sie eigentlich wollen.

Amerikanerinnen Hier unterscheidet man drei Typen. Die Ostküsten-Lady mit europäischen Manieren behandeln Sie weintechnisch (aber nur dort!) einfach wie eine zweitklassige Französin. Ist sie in der Lage, den Begriff Chablis korrekt und nicht als ‹Tschäblis› auszusprechen, verdient sie eine ebenso korrekte Behandlung in Form eines ordentlichen Chablis zu ihrem Caesar Salad, wie ihn etwa die Genossenschaft La Chablisienne keltert, bevor Sie sich mit ihr zum Sirloin-Steak einen nicht zu gerbstoffreichen Cru Bourgeois aus dem Médoc teilen, einen saftig-würzigen 1996er Haut-Marbuzet beispielsweise.

• • • • • • •

Dem fülligen Typ Amerikanerin – wenn Sie einer sind, der darauf steht – können Sie völlig folgenlos nahezu alles verabreichen, weil der jahrelange Verzehr von in Ketchup ersäuften Speisen auf ihren Gaumen ungefähr dieselbe Wirkung ausgeübt hat wie die Operation «Desert Storm» auf Bagdad.

Beim dritten Typ handelt es sich um die typischste aller Amerikanerinnen: die **Kalifornierin.** Obwohl der Sunshine State eifrig daran arbeitet, das Weinerzeugerland Nr. 1 auf der Welt zu werden, meidet die Durchschnitts-Kalifornierin den Rebensaft und ist eher damit beschäftigt, alle vier Stunden ihr Höschen zu wechseln sowie mehrfach am Tag die Zähne zu putzen – beides eminent geschmacks- und aromenkillende Verrichtungen – und natürlich ungeheuer viel Sport zu treiben. Gegen Letzteres wäre an sich absolut nichts einzuwenden; dass sie ihren Körper stählt, erscheint in diesem Kontext allerdings völlig sinnlos, da sie entstehende Hunger- und Durstgefühle in der Regel mit dressingfreien Salatbergen und Mineralwasser bekämpft. Wozu aber treibt man dann Sport? Die neurotische Fixierung aufs vermeintlich Gesunde hat diesen anerkanntermaßen schönen Frauenschlag zu einer genussunfähigen Schar kalorienzählender und dauergeduschter Frühaufsteherinnen deformiert.

Beeindrucken Sie deshalb die Kalifornierin mit den aktuellen Erkenntnissen über die gesundheitsfördernde Wirkung täglichen Rotweinkonsums, das so genannte «French Paradox» (wir denken vor allem an dänische Studien, die eine Flasche pro Person und Tag als optimale Dosis empfehlen). Erklären Sie ihr, dass Rotwein tierische Fette abbaut, Cholesterin eliminiert, dass ein Glas Weißer das Herz-Kreislauf-System anregt, ein paar Spritzer davon bei der

. . . .

51

Morgentoilette ins Gesicht – nirgendwo grassiert der Narzissmus flächendeckender als zwischen San Francisco und Los Angeles – sogar Akne und sonstigen Pickeln den Garaus machen. Und wenn die junge Frau Dänemark für die Hauptstadt von Deutschland hält, können Sie ihr auch einflüstern, dass regelmäßige Rebensaft-Zusprache das Brustwachstum forciert.

Nach derart intensiver pädagogisch-therapeutischer Vorbereitung verlangt die praktische Umsetzung der frisch erworbenen Kenntnisse die Berücksichtigung eines gewissen regionalen Chauvinismus. Ob Cabernet Sauvignon oder Sauvignon blanc, ob Merlot, Syrah oder Sangiovese: Die Sorte ist eigentlich egal – Hauptsache, die Rebe wurzelt in kalifornischer Erde. Mit der allergrößten Vorliebe jedoch kommt an der klimabegünstigten Westküste ein gut gekühlter CHARDONNAY aus Napa oder Sonoma auf den Tisch. Für die Korrelation Wein & Weib stellt diese etwas einseitige Fixierung durchaus kein Handicap dar, im Gegenteil. Treiben Sie beispielsweise einen 1997er FORMAN VINEYARD auf, haben Sie schon fast gewonnen. Im Glas versteckt sich ein höchst gesunder, dazu kalorienarmer exotischer Früchtekorb – ein Bouquet aus Honigmelone und Ananas, Mango und Papaya huscht der Probandin ins sonnenverbrannte Näschen. Riskiert sie das erste Schlückchen, wird ihr zunächst die frische Eleganz, dann die beeindruckende Kondition beim Abgang imponieren. Gleichzeitig stellen Sie wiederum erstaunliche Ähnlichkeiten zwischen dem blassen Goldgelb des Chardonnay und der blonden Mähne Ihrer Dame fest, registrieren bei beiden Essensbegleitern zudem eine sofortige, unbekümmerte Offenlegung des eigenen Persönlichkeitsbildes: Nach fünf Sekunden haben Sie aus dem Glas die mineralischen Komponenten im Kern der Fruchtbome erschnuppert, nach fünf Minuten verkündet Blondie die neueste Diagnose ihres Therapeuten. Rechnen Sie allerdings damit, dass Miss Beautiful beim Lunch im Strandrestaurant von Venice nicht nur permanent zu den athletischen Beachvolleyballern rüberschielt, sondern auch ihr Glas zu je einem Drittel mit Eiswürfeln, Evian und Wein gefüllt haben möchte. Die dadurch verringerte Überführung von Alkohol in den Blutkreislauf kompensieren Sie, indem Sie die gesundheitsfördernden Auswirkungen von mindestens vier Litern Flüssigkeit pro Tag erwähnen – und schon mal die nächste Pulle kalt stellen lassen.

Russinnen Weintechnisch ziemlich hoffnungslose Fälle. Die slawische Schwermut erzeugt ein spezifisches Äthanolverlangen, welchem mit Wein allein selten beizukommen ist. Da es das Kontinentalklima außerdem nicht gut mit der Rebe meint, ist das aus ihr gewonnene Erzeugnis dortzulande wenig populär. Die meisten im Westen gestrandeten jungen Russinnen verlangen zuerst Champagner und etwas später unbegrenzten Zugriff auf Ihre Kreditkarte (übrigens oft mit guten Argumenten). Dabei ist es völlig egal, was Sie auffahren, Hauptsache, die Flasche ist teuer. Ordern Sie beispielsweise eine durch ihre Belle-Epoque-Etikettierung berühmte Flasche Jahrgangs-Champagner der Marke PERRIER-JOUËT, raunen Sie der moskowitischen Maid etwas von «Rasputins Lieblingsschampus» ins Öhrchen und schenken Sie großzügig nach.

Asiatinnen Wie asiatische Speisen sind sie oft schwer mit Wein zu kombinieren. Die penetrante Wohlerzogenheit und habituelle Höflichkeit der Asiatin führt dazu, dass ihr ohnehin jedes Getränk recht ist. Setzen Sie einer **Japanerin** zimmertemperierten, korkelnden GRÜNEN VELTLINER vor, wird sie sich artig bedanken und innerlich wundern, wie komisch Sake in Europa schmeckt. Der Kenner jedoch greift zu einer Geheimwaffe: Weil Nippons Töchtern, möglicherweise aufgrund einer gewissen romantisch-verklärten Fixiertheit auf rheinische Ritterburgen und mittelalterliche Fachwerkstädtchen, eine latente Vorliebe für deutsche Weißweine nachgesagt wird – und die Exportzahlen belegen dies zur Freude der deutschen Weinwirtschaft –, kredenzen Sie Ihrer Bekanntschaft zum Sushi mutig einen bescheidenen Qualitätswein aus dem Rheingau, etwa einen aprikosenduftigen RIESLING aus dem Keller des Weinguts ROBERT WEIL in Kiedrich. Größtmögliche Zuneigung dürfte Ihnen bereits gewiss sein, wenn sich Wein und Speise vortrefflich ergänzen. Unendliche Dankbarkeit jedoch wird Ihnen Fräulein Kirschblüte schenken, wenn Sie ihr zuwispern, dass nicht zuletzt japanische Investoren mit millionenschweren Kapitalspritzen den Aufstieg des Hauses in die Spitzengruppe der deutschen Erzeuger ermöglichten – und sie mit Ihnen somit indirekt einen echt japanischen Gaumenschmeichler genießen darf. Bedarf es da noch der Erwähnung, dass natürlich auch die filigrane Struktur des Rieslings mit dem grazilen Erscheinungsbild Ihrer Begleiterin aufs feinste harmoniert?

Das Rendezvous mit einer **Chinesin** dagegen lässt durchaus robustere Methoden zu. Bedenken Sie zunächst, dass an den Tafeln von Peking bis Shanghai das Konsumieren einer Flasche Cognac, und zwar pro Person, eine lange Tradition besitzt. Setzen Sie deswegen den Dröhnfaktor nicht zu niedrig an und überzeugen Sie die Dame höflich, aber bestimmt, dass zur Peking-Ente nur ein erzkapitalistischer US-Pinot-noir wie etwa eine der Granaten aus dem Keller der Au Bon Climat Winery in Frage kommt, die der Qualitätsfanatiker Jim Clendenen im südlichen Kalifornien nach traditionellem Stil erzeugt. Nach dem dritten Glas des zutiefst roten und dekadenten Nektars setzt Fräulein Li unweigerlich zu einer Sequenz geschmeidiger Verbeugungen an. Das Ganze sollte übrigens auch mit einem Zinfandel klappen.

Die **Thailänderin** wiederum, das wissen wir von Gerhard Polt, schmutzt nicht und dient klaglos in allen Lebenssituationen. Sie ließe sich also im Handumdrehen mit einem Liter Südtiroler Bauerntrunk gefügig machen, was den vinophilen Ästheten natürlich weder moralisch noch sensorisch befriedigt. Lassen Sie sich bei der Weinauswahl lieber vom dezenten Honigduft ihrer Haut inspirieren, vom Vanilleton ihres Dekolletés und dem sanften Blick ihrer Mandelaugen, und Sie stoßen auf eine nahezu perfekte Liaison: die Cuvée de Turenne aus der Abbaye de Valmagne im südfranzösischen Languedoc, ein Duett der – sic! – mandelduftigen, gelblich schimmernden weißen Rebsorte Marsanne und ihrer kongenialen Freundin, der temperamentvolleren Roussanne. Die Partnerin am Tisch und die im Glas finden sich somit zur attraktiven Ménage à trois, die Sie mit immer neuen, raffinierten Geruchs- und Geschmackserlebnissen verwöhnt.

Schweizerinnen Mit Schweizerinnen trinkt man in der Regel Rotwein, nicht nur, damit etwas Farbe ins Gespräch kommt, sondern vor allem, damit die Damen gar nicht erst auf die Idee kommen, Fisch zu bestellen – Sie könnten sonst ständig versucht sein, Ihrer Begleiterin hilfreich eine Gräte aus dem Hals fischen zu wollen, während sie doch in Wirklichkeit nur ihr Heimat-Idiom spricht. Diesem Handicap unterliegt freilich nur die schwyzerdütsch röchelnde Alpenschönheit. Ihre frankophile Schwester vom Genfer See oder die schwarzhaarige Tessinerin erfordern wiederum gänzlich andere Tisch- und Balzsitten. Allen ist allerdings gemeinsam, dass ihre Zuneigung weniger den heimischen Rebensäften, sondern denen aus dem Bordelais oder Piemont gilt. Verblüffen Sie deshalb Ihre Tischdame, je nach Kantonszugehörigkeit, mit folgender Überkreuz-Strategie: Flößen Sie Madeleine aus Lausanne den 1997er TERRAFERMA des Tessiner Merlot-Magiers CHRISTIAN ZÜNDEL ein, und Mademoiselle erliegt binnen kurzem den betörenden Aromenattacken aus Brombeere und Cassis, Eukalyptus und Kakao. Die selbstbewusste Signorina aus Locarno dagegen zähmen Sie mit einem schmeichelnden, aber opulenten BLAUBURGUNDER aus der Bündner Herrschaft, während die Bernerin nach spätestens zwei Gläsern im salziglaktischen Bouquet der weißen Walliser Spezialität ARVINE körpereigene Noten wiedererkennt und sich eventuell zu einer dritten Portion Raclette – und später zu einem Cüpli in ihrem Stübli – verführen lässt.

Türkinnen dürfen (Sie) nicht.

Skandinavierinnen Die Töchter des Nordens sind oft von einer bestürzenden Alkoholverträglichkeit (gelegentlich sieht man sie gar nachts an den Gittern verschlossener Getränkeläden rütteln), weshalb sich in jedem Falle schwere Tropfen empfehlen, beispielsweise ein sizilianischer MARSALA. Richten Sie sich notfalls darauf ein, dass Ihre Begleiterin noch ungerührt Grappa oder Calvados ordert, während Sie bereits versuchen, die Rechnung zu verstehen.

Aber Scherz beiseite: Die appetitliche Mixtur aus blonder Mähne, Sommersprossen und langen Beinen verlangt pauschal nach einem gut gekühlten TREBBIANO aus Umbrien. Wenn's gehaltvoller weitergeht: ein weißer Spanier, beispielsweise ein strammer, an burgundischen Vorbildern orientierter CHARDONNAY von JEAN LÉON. Falls sie nicht darauf anspringt, müssen Sie am Ende dann doch auf schwelgerische Süßweine zurückgreifen.

Brasilianerinnen betrachten den Tisch weniger als einen Ort, auf welchem man kunstvoll Speisen und Getränke arrangiert, sondern vielmehr als verlängerte Tanzfläche. Nur ein Pedant nimmt daran Anstoß. Die scheinbare Konversationsallergie der Latina beruht auf dem europäischen Missverständnis, die Unterhaltung habe sich des Wortes zu bedienen. Das Zuckerhut-Mädel treibt dagegen mit ihrem Po Konversation. So ein Analphabet können Sie gar nicht sein, dass Sie diese Sprache nicht verstehen. Beim Tafeln kommt es also weniger darauf an, jenen reizenden Geschöpfen, die unter dem Kleidchen die knappsten Höschen der Welt tragen, einzuheizen, als vielmehr darauf, die eigene Betriebstemperatur zu erhöhen – den Vorsprung der braunen Schönheiten in Sachen Sonnen-Absorption können Sie mit ein paar Gläsern Wein ohnehin kaum aufholen. Trinken Sie also nichts Schweres, und dann sehen Sie zu, dass Sie auch auf den Tisch kommen!

Österreicherinnen kämpfen innerlich – wie dieses ganze Volk – mit dem Manko einer nicht richtig festzuzurrenden nationalen Identität und neigen deswegen zum Pessimismus, der seine erotische Variante oft in melancholischer Nekrophilie entfaltet. Wollen Sie die Austro-Maid amüsieren,

laden Sie sie zu einer Beerdigung auf dem Wiener Zentral-
friedhof ein. Beim späteren Tête-à-tête sollten Sie einen gut
gereiften RIESLING aus der Wachau parat halten, dessen
nachhaltiger Petrolton in perfekter Morbidität mit den Ausdünstungen der Laternen an den Prachtleichenwagen harmoniert. Um Ihnen noch einige Illusionen zu rauben: Dem
Idealtypus der «süßen Mädel», einer Kaste fideler, sinnen-
froher Geschöpfe, die um die Jahrhundertwende Maler wie
Gustav Klimt oder Dramatiker wie Arthur Schnitzler inspi-
rierten und den Weinfreund zu einem saftig-sinnlichen
MORILLON aus der Südsteiermark (so heißt die dortige
Chardonnay-Variante) animieren würden, werden Sie meist
vergeblich nachspüren. Die einst viel gerühmten Wiener
Frauen – und nur in dieser Erscheinungsform soll uns die
Österreicherin hier beschäftigen – stammten von jeher ursprünglich aus Polen oder Tschechien, Serbien, Galizien
oder Slowenien, waren Ungarinnen oder Jüdinnen, kurzum, typische Vertreterinnen des eigenartigen Melting Pot
namens K.u.k.-Monarchie. Daran hat sich bis heute nicht
viel geändert. Die Wienerin, der Sie – je nach Viertel oder
Etablissement – heute begegnen, ist Sekretärin und kommt
aus Graz oder hat ihren Verlobten in Bratislava zurückge-
lassen. Sie gibt sich Nicht-Österreichern gegenüber oft pu-
ristischer und strenger als ihre deutschen Basen, schnattert
aber in den Szene-Beiseln lauter und aufgeregter als Italienerinnen. Klassische rote Franzosen versteht sie nicht, das-
selbe gilt für anspruchsvolle BAROLI.

Ein fränkischer SILVANER würde ihre gegebenenfalls etwas erdigen Noten durchaus wohlwollend begleiten, aber
mit so einem Piefke-Trunk dürfen Sie ihr überhaupt nicht
kommen, auch wenn die Rebe wohl ursprünglich den Weg
aus Österreich in die deutschen Weinberge fand. (Etliche

Forscher vermuten ihren Ursprung freilich im berüchtigten Transsilvanien; eine durchaus reizvolle Theorie, die hier jedoch nicht weiter erörtert werden kann.)

Weichen Sie im Normalfall also auf einen wohlfeilen norditalienischen MERLOT aus, der mit seiner fruchtigen Fülle und milden Süße italienische Lebenslust vorgaukelt und beispielsweise zur Abrundung eines One-Night-Stand völlig ausreicht.

Wenden wir uns am Schluss den Deutschen zu.

Die Schwäbin Ein kulinarisch und auch lebensphilosophisch traumatisierter Menschenschlag mit gewöhnungsbedürftiger Aussprache, die unter Alkoholeinwirkung in ein schwer verständliches Zischlautstakkato entartet. Zunächst einmal stehlen Sie ihr Zeit. Sie wird Sie nicht direkt darauf hinweisen, aber an ihrer inneren Unruhe ist es deutlich erkennbar. Beginnen Sie deshalb mit Komplimenten («Sie schauen aber abgearbeitet aus!»). Denken Sie daran, dass sie mit Spätzle und TROLLINGER aufwuchs; behalten Sie aber Ihr Mitleid für sich. Kommen Sie keinesfalls auf die Idee, den Preis des von Ihnen ausgesuchten Weines prahlerisch zu erwähnen – für Verschwender ist in Schwaben der Exorzist zuständig. Ansonsten gilt ohnehin: «Was nix koscht', isch nix wert», und Sie haben bestimmt nicht so viel auf der Kante, dass Sie eine Schwäbin beeindrucken könnten. Sie müssen durch Qualität überzeugen.

Die Schwäbin träumt von der italienischen Lebensart. Imponieren Sie ihr mit der verschwenderische Fülle eines VIN SANTO aus der Toskana, beispielsweise von AVIGNONESI, also direkt von der Spitze der italienischen Weinaristokratie. Dieser Süßwein, eine zugegeben ausgesprochen teure Rarität, wird aus getrockneten, rosinenartigen Trauben hergestellt. Seine dekadente Üppigkeit hat etwas Verbotenes und weckt auch andere verbotene Begierden; er animiert, sich fallen und nur von geheimen Wünschen und Sehnsüchten leiten zu lassen. Vielleicht spielen Sie ja darin eine Rolle …

Die Hanseatin Im norddeutschen Dauerregen, wo keine Rebe gedeiht, wächst die Hanseatin, eine etwas hartschalige, aber durchaus saftige Spezies. Besagte harte Schale erweist sich dabei als vordergründiges, durch burschikose Freundlichkeit nur leicht kaschiertes Phänomen. Da müssen Sie erst mal durch. Die Hanseatin ist eine konservative, traditionell frankophile Genießerin; kommt sie aus gutem Hause, können Sie das gallische Weinprogramm abfahren. Wir empfehlen jedoch, auf ihre starke Sehnsucht nach Sonne – auch im Glas! – zu insistieren (viele Bordeaux oder Burgunder mit großen Namen schmecken leider so, als seien sie nie von unserem Zentralgestirn liebkost worden). In der Hanseatin brennt ein noch viel stärkeres Südweh als in der Schwäbin, allerdings ist sie verwöhnter als jene. Probieren Sie Ihr Glück mit einem unverschämt aufdringlichen, sonnendurchglühten, fast schon obszön fleischigen DUCA ENRICO aus Sizilien, einem der besten Rotweine des Mafia-Eilandes. Oder lassen Sie einen spanischen RIOJA auffahren, etwa einen prallen, gut gebauten, extraktreichen RODA mit geschmeidiger Textur. (Tipp am Rande: rechtzeitig öffnen, braucht ein gewisses Vorspiel, um in Fahrt zu kommen! Capito?)

Die Rheinländerin Es ist eine Binse, aber ihre Lese findet tatsächlich vor allem während der Karnevalszeit statt. Die

Rheinländerin wächst mit Wein, Singsang und beschwipsten Grapschern auf, was sich in ihrem Naturell niederschlägt. Rein mental ist sie so etwas wie die Italienerin unter den deutschen Frauen: laut, schrill, feiersüchtig, aber auch flatterhaft, schnippisch und etwas unzuverlässig. Sie gehört zur Gattung der Frohnaturen, mit denen leicht ins Gespräch zu kommen ist und die sich auch schon mal kurz nach dem Kennenlernen bei Ihnen unterhaken, ohne dass Sie dies gleich als Bestandteil des Vorspiels auffassen sollten. Rheinländer(innen) sind Lokalpatrioten, erstens sowieso und zweitens in Sachen Weinkonsum, das heißt, sie süffeln vorzugsweise und aus Überzeugung, was an Rhein und Mosel gedeiht. Wenn Sie mit auswärtigen Rebsäften avancieren wollen, sollten Sie großzügig sein und keine Zweifel offen lassen. Setzen Sie Ihrer Mitzecherin nach einem Möselchen à la ZELLER SCHWARZE KATZ einen kalifornischen Hammer-Rotwein vor die Nase, etwa den bereits eingangs erwähnten (und leider raren) QUILCEDA CREEK CABERNET SAUVIGNON aus Washington State, und sie wird Ihnen früher oder später in die Arme sinken.

Die Bayerin Hier hat man schnell einen Enzianstrauß von Klischees zur Hand, etwa das Bild der drallen Dirndl-Maid, die nach vollzogener Fellatio ihr «O'zapft is!» jodelt. Dergleichen ist im Technologiestaat, zumindest außerhalb der Wies'n-Saison, empirisch nicht nachweisbar. Wahr ist allerdings, dass im Allgäu und im weiteren Alpenvorland nicht nur das Vieh, sondern auch die Madln vor Gesundheit strotzen. Feinnervige, an Idiosynkrasie leidende, elfenhafte Geschöpfe kommen hier eher selten vor, Haarausfall und Schlafstörungen desgleichen. Sie brauchen also keine falschen Rücksichten zu nehmen. Tischen Sie auf, was

Küche und Keller hergeben, sofern Sie nicht gerade Jagd auf eine jener zugewanderten jugendlichen Bulimikerinnen machen, die zu München die Model-Agenturen frequentieren. Demoskopische Untersuchungen haben erwiesen, dass die Bajuwarin dazu neigt, im Beichtstuhl lieber Epen statt Kurzprosa vorzutragen; die Üppigkeit der Tafelfreuden sollte damit korrelieren. Kommen Sie ihr keinesfalls mit blässlichen Weißweinen, deren Geschmack an Salatdressing erinnert, lassen Sie ebenso die Hände von komplizierten Meditationsweinen. Mittelschwere, süffige, sofort präsente Rote (badischer SPÄTBURGUNDER, CHIANTI RISERVA) gehen mit diesem Frauenschlag die ideale Verbindung ein.

Die Ostdeutsche Die Zeitspanne, in der sich die Ossi-Frau darüber wundert, dass Sie vorher noch was zu sich nehmen wollen, können Sie trefflich zum Studium der Weinkarte nutzen. Sie sollten möglichst französische Weine mit eindrucksvoll klingenden, schwer auszusprechenden Namen ordern, etwa einen GEVREY-CHAMBERTIN COMBE AUX MOINES oder, wenn Ihnen der zu teuer ist, einen GROS PLANT DU PAYS NANTAIS, je nach Teint und erotischem Verheißungsgrad Ihrer Begleiterin. PDS-Anhängerinnen sind zu beglücken mit ideologisch einwandfreien Getränken; fordern Sie die Zechgenossin deshalb zu strikter Solidarität auf mit einem basisdemokratisch gewachsenen NACKENHEIMER ROTHENBERG RIESLING SPÄTLESE des Erzeugers GUNDERLOCH, gelesen am Roten Hang oberhalb von Nierstein. Als ideologisch korrekte Begründung führen Sie aus, dass in dieser Weinbauregion großkapitalistische Kellereien die fast besitzlose Klasse der Fasswein erzeugenden Winzer skrupellos ausbeuten, indem sie deren Ware zu Hungerpreisen abnehmen. Verfällt die zu Verführende nach der ersten

Promille-Attacke in sentimentale Ostalgie, legen Sie konsequent mit einem MÜLLER-THURGAU vom Elbufer (aber nicht SCHLOSS PROSCHWITZ, der Besitzer ist ein Prinz aus dem Westen!) oder aus den Saale-Unstrut-Gefilden nach (als bester Erzeuger gilt dort das Weingut LÜTZKENDORF). Kaum hat dessen ausgeprägtes Blumenwiesen-Bouquet die Geruchsnerven Ihres Mädels touchiert, wird sie sich an ihre ersten amourösen Erfahrungen im FDJ-Zeltlager erinnern und Sie unverzüglich zur Körperertüchtigung auffordern – besonders dann, wenn Sie an diesem Abend ein leuchtend blaues Hemd (mit Achselklappen?) tragen.

Frauentypen – Weintypen

Sie befinden sich im Stadium gegenseitigen Beschnupperns. Sie kennen oberflächlich den sozialen Status Ihrer Tischdame und besitzen eine leise Ahnung, wie sie gestrickt ist – ob sie laut oder leise redet, schüchtern oder selbstbewusst auftritt, sich konservativ oder auffällig kleidet, ein abgeschlossenes Studium oder die Ausbildung zur Einzelhandelskauffrau vorweisen kann. Die klassische «Wein-mit»-Situation also, die alle Wege offen lässt. Nachfolgend einige Anregungen für den vinologischen Umgang mit bestimmten sozialen beziehungsweise Berufsgruppen.

Die Verkäuferin aus der Vorstadt ist nach wie vor relativ leicht zu beeindrucken, spricht aber gebrochener Deutsch als vor zwanzig Jahren. Setzen Sie ihr beim Italiener einen anständigen SOAVE vor, am besten aus dem Hause PIEROPAN, und lassen Sie sich vom Kellner mit Dottore anreden – das funktioniert automatisch bereits beim zweiten Restaurantbesuch, falls Sie zuvor großzügig Trinkgeld hinterlassen haben. Geschmeichelt spült Ihre Bekanntschaft Carpaccio und Cannelloni hinunter; Sie ordern noch zwei Grappa oder den durch die TV-Werbung bestens eingeführten Ramazotti und dürfen damit zumindest die kulinarischen Wohltaten für diesen Abend als erledigt betrachten.

. . . .

65

Der Börsianerin können Sie selbst mit höchstgerühmten Kreszenzen kaum imponieren; ein Jahrgangs-Champagner von KRUG zur Kilodose Beluga malossol bringt sie ebenso wenig auf Touren wie ein BAROLO von BRUNO GIACOSA zur Piemonteser Trüffel. Präsentieren Sie ihr jedoch die Shootingstars des neuen Bordeaux-Markts, einen LE PIN oder einen L'EGLISE-CLINET (beide aus Pomerol), einen VALANDRAUD oder einen LA MONDOTTE (beide aus St-Emilion), blinkt in ihren Pupillen das Dollarzeichen: Investitionen in diese Keller-Werte versprechen traumhafte Renditen, je nach Jahrgang sind Kurssprünge von mehr als dreihundert Prozent per annum drin. Rechnen Sie allerdings damit, dass Ihnen Miss Moneymaker beim Ansetzen des Korkenziehers kreischend in den Arm fällt, weil sie die natürliche Verwendung der o. a. Tröpfchen für ein ähnliches Sakrileg hält wie das Verbrennen von Deutsche-Bank-Aktien. Halten Sie für solche Fälle einen wohlfeilen pfälzischen MÜLLER-THURGAU vom GODRAMSTEINER MÜNZBERG in Reserve.

Die sportliche BWL-Studentin ist aus pekuniären und Fitness-Gründen Kandidatin für kulinarische Kasteiungen («Mir reicht der Blattsalat mit Putenbrust und höchstens ein Glas PINOT GRIGIO»). Zunächst soll sie ihren Pinot bekommen, aber keinen aus Norditalien, sondern einen fruchtbombigen GRAUBURGUNDER vom Kaiserstuhl, etwa aus dem Weingut BERCHER, dessen ganz und gar unstudentische Opulenz ihr einleuchten wird (sonst würde sie nicht bei den Be-We-Ellern büffeln). Berichten Sie ihr nebenbei von einem merkwürdigen Phänomen, das Sie bei sich selbst beobachtet haben, nämlich dass Ihre morgendlichen Jogging-Zeiten nach Abenden mit Weingenuss stets besser seien als nach abstinenten Tagesausklängen. Weitertrinkend

wird sie sich darüber verwundern. Dann wieder die peku-
niäre Karte spielen! Studentinnen schlürfen meist so abson-
derliches Zeug, dass Sie schon mit einem mittelprächtigen
Brunello di Montalcino als splendider Krösus dastehen.

Die Violinistin Es gibt Wesen, die in anderen Welten
schweben; wenn Sie sie durchaus von dort hierher holen
wollen, sollten Sie für Erdenschwere sorgen. Bedenken Sie,
dass die Polyhymnia-Jüngerin von Hause aus gewissermaßen trunken ist und tauschen Sie die Grundlagen des
Rausches sehr behutsam aus. Regen Sie ihr Interesse an kulinarischen Kompositionen an, indem Sie bestimmten Ton-
arten bestimmte Rebsäfte zuordnen (A-Dur = stählern,
strahlend – deutscher Riesling, g-Moll = samtig, tief –
großer Merlot), vergleichen Sie berühmte Châteaux mit
Stimmlagen (Château Latour – Bass, Château Lafite –
Tenor), erläutern Sie ihr die Vergleichbarkeit der Bach'schen
Kontrapunktik mit der Arbeit des Kellermeisters, der die
Eichenholznoten der Barriques harmonisch gegen die Trau-
benfrucht setzt. Wenn Sie merken, dass sie darauf einsteigt,
lassen Sie sich ihr Lieblings-Musikstück verraten, bestellen
Sie irgendeinen Wein, der Ihnen gefällt, und behaupten Sie,
er harmonisiere vortrefflich mit dem genannten Opus. Sie
wird darüber nachdenken und Ihnen wahrscheinlich zu-
stimmen, und damit wären Sie schon mitten im Andante.
Achten Sie im Folgenden auf wechselnde Tempi! Und denken Sie an die Erdenschwere! Auch diese sensiblen und
ätherischen Wesen fühlen sich von der Aromen-Sinfonie
angesprochen, welche beispielsweise ein mehrere Oktaven
umspannender Vouvray auf ihrem Gaumen darbietet –
und verraten Ihnen dabei mancherlei Geheimnisse, auf denen Sie erotisch wie vinologisch aufbauen können.

Die Disco-Queen vom Land (wo sie auch arbeitet) ist vinologisch betrachtet ein eher undankbares Wesen, weil sie sich am liebsten mit Caipirinha-Cocktails oder Dosenbier abfüllen lässt. Probieren Sie es trotzdem mit einem SPUMANTE aus dem renommierten Hause FERRARI – auch wenn sie kaum erahnt, dass sie damit einen der besten italienischen Schaumweine vernichtet. Verraten Sie ihr, dass Sie mit einer Ferrari-Schaumfontäne schon 1989 den siebten Platz in der Juniorenklasse auf einer niederrheinischen Go-Kart-Bahn gefeiert haben, und Sie erobern im Handumdrehen die Poleposition auf ihrer Ikea-Couch.

Die Prostituierte will in der Regel Schampus. Dabei spült ein griechischer RETSINA den gewerbebedingten Nachgeschmack viel nachhaltiger vom Gaumen. Doch sollten Sie Huren nicht schlecht behandeln, sondern der von Ihnen favorisiert mit akrobatischen Quickies malträtierten Berufssünderin mal einen grundanständigen roten SANTA MADDALENA aus Südtirol mit aufs Zimmer nehmen, beispielsweise an ihrem Namenstag.

Die feministische Intellektuelle Sie müssen wissen, was Sie tun. Wir gestatten uns nur den Hinweis, dass der Terminus «feminin» sowohl beim Wein als auch beim Weib etwas völlig anderes meint, als diese altmodisch-avantgardistische Unterspezies zu repräsentieren glaubt (wobei die meisten ihrer Vertreterinnen gewissermaßen keine andere Wahl haben). Öffnen Sie also einen in der Kellerecke vergessenen, bereits etwas oxidierten TEROLDEGO, dessen leichter Bitterton aufs trefflichste mit der immer noch markanten Säure und den dörrpflaumigen Aromen um geschmackliche Gleichstellung streitet.

· · · · · · ·

Die Werberin Gehen Sie ihr so lange mit Sprüchen wie «Nichts ist unmöglich – Ri-o-ja», «Auf diese Weine können Sie bauen», «Mit Chablis macht das Kochen Spaß» oder «Life is a Cabernet» auf die Nerven, bis sie Ihnen entweder davonläuft oder an die Brust sinkt. Und dann trinken Sie irgendetwas, das gerade angesagt ist, zum Beispiel einen schönen piemontesischen Bricco dell'Uccellone oder, wenn's warm ist, einen toskanischen Terre di Tufi.

Die (eigene) Chefin Die Chefin zu verführen gehört neben dem ersten Ferrari, dem Nobelpreis und dem Gewinn des Fußball-Weltmeistertitels durch sein Nationalteam zu den absoluten Highlights im Leben eines Mannes. Wie Sie die Dame dahin bekommen, ist freilich Ihre Sache; wir können lediglich einen begleitenden Wein empfehlen. Die Chefin ist zwar in der Regel sexuell unausgelastet, aber klug, so dass Sie mit Rebensaft allein kaum zum Ziel kommen werden. Verkneifen Sie sich jedes Imponiergehabe; das wirkt lächerlich, schließlich sind Sie der Untergebene. Offerieren Sie scheinbar beiläufig einen Mâcon-Villages, allerdings nur einen ganz bestimmten: den von Jean Thevenet. Völlig überraschend sticht nämlich dieser vermeintlich subalterne Südburgunder die meisten seiner höherrangigen Kollegen weiter nördlich (die einer Chefin in Umrissen bekannt sein dürften) mit einer eindrucksvollen Performance aus und schmeißt damit sämtliche Hierarchien über den Haufen. Vielleicht versteht sie, was Sie damit andeuten wollen.

Die Praktikantin Wenn Ihnen hier zuerst die Zigarre und erst irgendwann der Wein einfällt, genießen Sie doch einfach alle drei zugleich. Praktikantinnen sind wissbegierig – zumindest was berufliche Aufstiegschancen und Ihre eventuelle Rolle als Trittbrett anbetrifft –, nicht sonderlich verwöhnt – falls ihr Vater nicht der Firmenchef ist – und demzufolge mit allem zufrieden, was Ihnen ebenfalls behagt. Im Übrigen ist es unanständig, einer Praktikantin das Glas auf dem Kopf abzustellen.

Die linksliberale Journalistin Die meisten Vertreter der schreibenden Zunft haben bestürzend wenig Ahnung von nahezu allen konkreten Dingen, weil sie sich mit nahezu allen Dingen nur oberflächlich beschäftigen; es wäre also blanke Verschwendung (egal, wie gut die Frau aussieht), beispielsweise einen 1945er MOUTON-ROTHSCHILD aufzutischen, obwohl der «Befreiungsjahrgang» einer der besten aller Zeiten war und besagte Flasche die antifaschistische Losung «L'Année de la Victoire» ziert. Wählen Sie vielmehr einen Tropfen, der ihr beflissen den Mund spült, während sie Rechte, Nicht-Ausländer, die Atom-Lobby, Besserverdiener etc. pp. verbal traktiert. Klären Sie sie zu fortgeschrittener Stunde darüber auf, dass Adolf Hitler Vegetarier war und keinen Alkohol zu sich nahm; das wird sie animieren, eine kurze Weltverbesserungspause einzulegen und beruhigten Gewissens zum Beispiel einen nicht allzu teuren Rotwein aus dem endlich Apartheid-freien Südafrika zu trinken.

Die gestresste Managerin braucht einen Meditationswein zur seelisch-nervlichen Entschlackung. Ein PENFOLDS GRANGE (SHIRAZ) mit seiner fast portweinmäßig-entspannenden Dröhnkomponente sollte hier gute Dienste tun. Dieser rumtopfartige australische Anti-Hektiker, dem man nach der Lese mindestens zwanzig Jahre auf der Flasche gibt, wirkt wie eine Woche Ayurveda-Farm. Am Ende des

Abends wird sie völlig relaxed an Ihrer Schulter lehnen und sich willig wie ein Säugling von Ihnen bevatern lassen.

Die grüne Vegetarierin (Beruf egal) Bei ihr machen Sie jeden Stich, wenn Sie ein gerüttelt Maß an Verlogenheit an den Tag legen. Versuchen Sie, einen Abend lang wie sie zu empfinden; nach so viel Selbstverleugnung wird Ihnen der nächste Tag wie eine Rückkehr ins Paradies erscheinen. Also: Erscheinen Sie mit dem Fahrrad und mit Greenpeace-Sticker am Revers, tauschen Sie Tofu-Rezepte mit ihr aus, verdammen Sie *jede* Art von Tierhaltung und fordern Sie die Resozialisierung von Legehennen und Drogenabhängigen. Die Dame selbst begeistern Sie zur Gemüseplatte mit dem intensiven Spargel- und Paprikaduft eines FUMÉ BLANC aus dem kalifornischen Riesenweingut FETZER (das übrigens fast durchweg gute Tropfen auf den Markt wirft; Sie sollen sich ja nur seelisch, nicht kulinarisch kasteien). Nebenher lassen Sie einfließen, dass Fetzer mehr als zwanzig verschiedene Basilikum-Sorten und drei Dutzend Tomatenarten ökologisch anbaut. Gehen Sie bei alledem davon aus, dass sie nachts doch Fleisch zu sich nimmt (oder zumindest davon träumt).

Die OP-Schwester ist gemeinhin eine ziemlich rustikale Person, auch wenn man es ihr nicht ansehen sollte. Wie wäre es mit Metzelsuppe zur Einstimmung? Dazu reichen Sie eine Flasche ERLAUER STIERBLUT. Fordern Sie sie auf, Ihnen beim Öffnen der Flasche zu assistieren («Kapselschneider, bitte!»). Beim Hauptgang – großer Braten, natürlich im Stück – fungiert sie als perfekte Tranchierhilfe. Ach ja, die Narkose! Vorschlag: Grappa-Infusion (im Laufe des Abends zur Transfusion fortschreiten!).

· · · · · · ·

Die TV-Moderatorin hält sich in der Regel für einen Star und den Wein, den Sie ihr spendieren, für zu billig. Freilich benutzt unsere Bildschirm-Bella Getränke nur dazu, ihre Stimmbänder zu befeuchten. Sie redet ohne Unterlass und leidet an der neurotischen Vorstellung, ständig seien Kameras auf sie gerichtet. Setzen Sie ihr Sassicaia/Solaia/Ornellaia/Tignanello vor, das bringt Quote bei ihr, denn die Mode-Italiener sind erstens prominent und zweitens alles andere als preiswert. Drehen Sie die Flasche so, dass sie ihr Spiegelbild sieht, überlassen Sie ihr die Anmoderation des Abends und erklären Sie zu späterer Stunde, dass Sie Ihren Fernseher vor kurzem weggeschmissen haben. Wenn sie dann immer nur noch über sich und ihren bedeutenden Job schwallt, verlangen Sie die Rechnung und rufen Sie ihr ein Taxi. Ansonsten behandeln Sie sie wie ein ganz normales Mädchen.

Die Nymphomanin (Beruf egal) würde den Trinkgenuss sowieso nur durch nervöses Hin- und Herrutschen auf dem Stuhl stören; stellen Sie also einfach eine Flasche Jahrgangs-Port aus dem renommierten Haus Cockburn neben das Bett. Darüber hinaus behelfen Sie sich mit Amphetaminen.

Die Polizistin meint es nur gut mit den Menschen; also meinen Sie es gefälligst auch gut mit ihr. Frau Polizeiobermeisterin mit ihren 2000 Mark netto hat es schließlich verdient, mal was Vernünftiges zu trinken: etwa einen grün im Glase schimmernden, pikanten, kompromisslosen Haardter Bürgergarten Riesling Kabinett trocken aus dem Pfälzer Edelweingut Müller-Catoir. Danach fordern Sie sie zu Ordnungswidrigkeiten auf.

Die Balletttänzerin ist in der Lage, Ihnen, wenn Sie vor ihr auf einem Stuhl sitzen, ohne einen Wackler den Fuß auf den Scheitel zu setzen. Dafür kann man einige Mühen auf sich nehmen (zum Beispiel Zwangsernährung, Austreibung ihrer unglücklichen Liebe zum schwulen Chefchoreografen). Bei diesem durchtrainierten Wesen besteht das Problem nicht darin, einen passenden Wein auszusuchen, sondern sie überhaupt zum Weintrinken zu bewegen. Beginnen Sie mit äußerlicher Anwendung, nämlich mit einem Fußbad (zwei Drittel zimmerwarmes Mineralwasser, ein Drittel MÜLLER-THURGAU – nach Empfehlung von Kellermeistern sollten bei der äußeren Anwendung trockene Weine den Vorzug vor lieblichen erhalten). Die wohltuende Wirkung auf Haut, Nerven und Durchblutung animiert sie vielleicht dazu, es auch einmal auf herkömmliche Weise zu probieren.

Die Psychologin Platzieren Sie nicht sich, sondern den Wein – in diesem Fall mit Vorteil einen CHÂTEAUNEUF-DU-PAPE – auf der Couch. Lassen Sie ihn von seiner schweren Kindheit berichten, als die junge Rebe ihre Wurzeln mehr als zehn Meter tief in den steinigen südfranzösischen Boden quälen musste, um an Wasser und Nährstoffe zu gelangen. Der sadistische Winzer, offensichtlich von Kastrationskomplexen heimgesucht, notzüchtigte die zaghaft sprießenden Triebe mit dem lustfeindlichen Zapfenschnitt nach der berüchtigten Gobelet-Methode, einer besonders strengen Art der Rebenerziehung, die schon die Römer praktizierten. Später raubte er dem Weinstock die Identität, als er seinen Most mit dem von zwölf anderen Rebsorten vermischte. Und erst das soziale Umfeld: Seit Papst Klemens V. anno 1309 in Avignon eintraf, herrscht hier ein rigider klerikaler Geist. Zutiefst beeindruckt, wird Ihnen die Charakterfor-

scherin nach der zweiten Flasche – wir schlagen einen 1993er CHÂTEAU DE BEAUCASTEL vor – ihr eigenes kompliziertes Persönlichkeitsbild in schönster Offenheit darlegen. Die Therapie überlassen wir Ihnen.

Die blondierte Friseuse gibt es erstens wirklich und zweitens immer noch in stattlicher Anzahl, was nur Typen lächerlich finden, denen keine blondierte Friseuse je einen Quickie gewähren würde. Ansonsten sind bl. Fr. eher schlichte Gemüter, die tatsächlich auf einfache, nicht überintellektualisierte Signale reagieren («Wie gefällt Ihnen meine Breitling?»). Diese gesicherte Erkenntnis müssen Sie einfach auf die Weinauswahl anwenden.

Die Pastorin tritt vor allem in nördlichen Regionen in Erscheinung. Ihr Selbstverständnis wurzelt fatalerweise oft in der unheiligen Allianz von Pietismus und Feminismus. Früher hätten Sie sie auf einem evangelischen Kirchentag im Arbeitskreis «Frauen menstruieren gegen den Atomkrieg» angetroffen; heute empfehlen wir Ihnen die Kontaktaufnahme auf einem Dritte-Welt-Basar oder im nächsten Ortsverein der Grünen. Sollte sich Ihre Begegnung tatsächlich in Richtung Rendezvous entwickeln, beschaffen Sie sich rechtzeitig einigermaßen trinkbaren Stoff aus einem beliebigen Entwicklungsland, was zugegeben nicht so einfach ist. Unser Tipp: MERLOT oder CHENIN BLANC (je nach Typ) aus Peru, und zwar möglichst aus dem Keller des Weinguts VIÑA TACAMA. Haben Sie so etwas ergattert, können Sie beruhigt über die Vor- und Nachteile der Globalisierung diskutieren, denn der Wein wird mit französischem Know-how produziert und ist durchaus trinkbar. Gut, vielleicht geben sich die Tannine etwas spröde, aber dann müs-

sen Sie sich eben in Geduld üben und die sinnliche Offenbarung herbeibeten. Für Ihre Auserkorene gilt dieses Prin-
zip übrigens auch.

Die Lehrerin will erklären, und zwar alles und immer und
überall. Außerdem träumt sie davon, bei Günther Jauch
TV-Millionärin zu werden. Kredenzen Sie ihr folgenden
Kandidaten: CIGARE VOLANT von BONNY DOON VINEYARD
in Kalifornien. Der leicht verrückte Erfinder solcher Spiele-
reien heißt Randall Grahm und trägt den Kriegsnamen
Rhone Ranger, weil er als einer der ersten SYRAH und
GRENACHE in US-Böden pflanzte. Das wird sie todsicher
nicht wissen. Mit etwas Glück kriegen Sie von ihr später ein
«befriedigend».

Die Biologin verbringt die meiste Zeit ihres irdischen Lebens im Labor; Naturerlebnisse vermitteln ihr allenfalls ein-
gesperrte Mäuse, Bücher, Lehrfilme und Typen, die abends
in der Bar etwas freundlicher waren. Wenn sie mit Ihnen
zwei Stunden über Gentechnologie und Intrazytoplasmati-
sche Spermieninjektion diskutiert hat, wechseln Sie von der
Theorie zur Praxis und gönnen Sie ihr einen neuseeländi-
schen SELAKS SAUVIGNON BLANC. Aromen von schwarzen
Johannisbeeren, Brennnessel, Spargel und Paprika verpflan-
zen die Dame mittenmang in Großmutters Gemüsegarten;
dies umso lebensechter, als Sauvignon – und speziell dieser
– mitunter gaaaaanz wenig nach Katzenpipi duftet. Aber
dergleichen Odeur ist sie aus ihren Reagenzgläsern durchaus gewohnt, und eine gewisse Lust am Experimentieren
können Sie ebenfalls stillschweigend voraussetzen.

Und was trinkt der Connaisseur nun zu Claudia, Verona, Steffi?

Jetzt wird es ernst. Wir haben uns peu à peu vom Allgemein-Weiblichen an die konkreten Fälle herangepirscht. Da die Natur glücklicherweise Frauen in verschwenderischer Menge und Vielfalt hervorbringt, ist uns die Dame, die Sie heute Abend favorisieren, natürlich unbekannt; deshalb greifen wir im Folgenden auf Frauenzimmer zurück, die in ihrer Eigenschaft als vermeintliche oder tatsächliche VIPs nahezu jedermann zumindest vom Anblick her geläufig sind. Sie verkörpern damit gewissermaßen Idealtypen, sodass wir nunmehr zur auf diesem Wege größtmöglichen Annäherung an Ihre Gespielin fortgeschritten wären. Alles Weitere liegt bei Ihnen; wir können nicht Hand und Nase anlegen.

Mit den ausgewählten Damen hoffen wir, das in Frage kommende Spektrum halbwegs abgedeckt zu haben. So umschiffen wir die Verlegenheit, Blondinen oder Brünetten, Hell- oder Dunkelhäutigen, Älteren oder Jüngeren einen speziellen Trank zuordnen zu müssen, was zwangsläufig zu unbefriedigenden Pauschalurteilen führen würde. Wir sind zwar, wie bereits angedeutet, der Meinung, dass zu schwarzhaarigen, braunäugigen Frauen eher ein Roter als ein Weißer passt, allerdings existieren so viele Abweichungen von dieser Regel, dass wir sie gar nicht erst aufstellen wollen. Auch bei Jung und etwas Älter lassen wir uns nicht zu einer generellen Empfehlung hinreißen. Wir könnten zwar anraten: Kombinieren Sie über Kreuz! Ein alter Wein

verleiht einer jungen Frau Tiefe und Mondänität, ein junger Wein einer Lady in den besten Jahren Frische und Esprit – nicht minder gilt freilich, dass ein der Frau sehr ähnlicher Wein beider Vorzüge lebhaft unterstreicht. Ebenso ambivalent stehen wir etwa vor dem Typ des sportlichen Blondchens mit seiner frischen, sauberen, etwas milchigen Blume: So einleuchtend adäquat ein SAUVIGNON BLANC oder ein WEISSBURGUNDER erscheint, kann man die Holde doch auch mit einem schweren Roten konterkarieren. Kurzum: Es ist Geschmackssache, ob der Nektar die Dame umranken und tragen soll oder ob er ihr entgegengesetzt wird, quasi als Folie, von der sie sich abhebt.

Wir haben uns also in sechzig konkreten Beispielen festgelegt und im Wesentlichen für den Wein *zu* der jeweiligen Frau entschieden. Wenn uns die Person allerdings kulinarisch uneindeutig oder uninteressant erschien, ist die Weinempfehlung nicht auf ihre Aura, sondern auf ihren Habitus zugeschnitten.

Naomi Campbell, Model Bei Wildkatzen sollte man sich a priori Respekt verschaffen, weintechnisch also mit dem Besten, was die Keller hergeben, beispielsweise mit einem 1961er CHÂTEAU LATOUR zum Freundschaftspreis von 4000 Mark. Wenn Sie Witterung aufnehmen (egal wo), werden Sie auf ein Bouquet von Trüffeln, Leder, Zedernholz, gegrilltem Fleisch, saftiger Feige und schwarzen Früchten stoßen. Geriert sich das Pantherweibchen danach immer noch wählerisch-sprunghaft, setzen Sie Ihre Zähmungsversuche mit einem 1997er SHAFER «HILLSIDE SELECT» aus Kalifornien fort, einem in jeder Beziehung umwerfenden Großkaliber von CABERNET SAUVIGNON, dem Rauch- und Fleischaromen entströmen.

· · · · · · ·

Gwyneth Paltrow, Schauspielerin Die Oskar-Preisträgerin mit der erotischen Ausstrahlung eines Mormonen-Bettlakens wirkt derart clean, dass man geradezu Angst hat, ihr einen Roten anzubieten. Ergo: von oben bis unten mit dem tintigsten CAHORS oder HERMITAGE lasieren, kurz einziehen lassen, abschlecken und warten, was passiert.

Angela Merkel, CDU-Politikerin Zunächst kam uns ein weicher, konturloser, wegen seines dezenten Bittertons gern aufgezuckerter PORTUGIESER WEISSHERBST aus der Pfalz in den Sinn. Aber glaubwürdigen Zeugenaussagen zufolge trügt der erste Schein bei der CDU-Schildträgerin mit der Prinz-Eisenherz-Frisur. Wir empfehlen deshalb einen ehrlichen, munteren, zurückhaltend präsenten GUTEDEL mit zartgrünen (nicht rot-grünen) Reflexen im Glas. Wie wäre es mit einem bekömmlichen 1998er AUGGENER SCHÄF TROCKEN aus dem Markgräflerland?

Hiltrud («Hillu») Schröder, Ex-Gattin Als Frauentyp geeicht auf etwas verkniffene Rote mit unvermeidbarem Säurenachhall, etwa einen südafrikanischen SHIRAZ vom achtbaren Weingut ALLESVERLOREN.

Heidi Klum, Model «WHERE THE DREAMS HAVE NO END» von Silvio JERMANN (Friaul), einer der beeindruckendsten Barrique-CHARDONNAYS der Welt, wird zwar neben ihr verblassen, aber das täte auch ein LE MONTRACHET. Und der heißt nicht so passend.

Sonja Kirchberger, Schauspielerin Die Augen, deren diffuses Farbspiel an gewisse kanadische Schlittenhunde erinnert, schreien entweder nach einem narkotisierenden

CHARDONNAY-Riesen (etwa von SAINTSBURY, Napa Valley) oder – wenn Sie mit dem Nonplusultra an Raffinesse kontern wollen – nach einer RIESLING-TROCKENBEERENAUSLESE von EGON MÜLLER, Mosel. Für den Körper einen BAROLO (etwa einen SPERSS von Angelo GAJA). Für die Stimme einen ARMAGNAC. In dieser Reihenfolge!

Susan Stahnke, Beinahe-Schauspielerin Schluckt vermutlich erwartungsfroh alles, was im 100-Meilen-Dunstkreis um Hollywood gekeltert wird.

Nina Hagen, Sängerin Das ist nun wirklich eine Aufgabe für Tüftler. Man mische das schrille Lila eines BEAUJOLAIS PRIMEUR mit einem kreischend-säuerlichen Meißener RIESLING, schlage ein Ei darüber und serviere das Ganze in einer flugbereiten Untertasse.

Astrid Kumbernuss, Kugelstoßerin Vielleicht mit einem ZINFANDEL als Aperitif beginnen, dann schnell steigern auf MADEIRA, PORTWEIN oder SHERRY und dabei immer auf spontane Bewegungen von ihrer Seite Acht geben, die den Abend vorzeitig beenden könnten. Wenn ihre Muskulatur allmählich erschlafft, erörtern Sie mit ihr den Sinn der Nietzsche-Formulierung, der Mensch sei ein Wesen, dessen Dasein sich gleichsam «auf dem Rücken eines Tigers in Träumen hangend» vollziehe …

Sabine Christiansen, Moderatorin Ihre unvermeidliche PROSECCO-Bestellung kontert man mit einem ambitionierten, aber nicht zu komplexen Roten, etwa einem kleinen Jahrgang eines besseren Cru aus dem MÉDOC. Mit etwas Glück erweist er sich als ordentlicher Debattierwein, der zu analytischem Denken inspiriert und, falls er zu teuer war, kritisches Hinterfragen erfordert.

Veronica Ferres, Schauspielerin Im Grunde kein Wein-, sondern ein Met-Typ; da hilft nur ein ordentlicher Kracher, und zwar von ALOIS KRACHER, eine jener «GRANDE-CUVÉE»-TROCKENBEERENAUSLESE-Granaten des Österreichers, weicher, cremiger, nach Honig und Karamell duftender, kraftstrotzender weißer Nektar, den selbst US-Filmsternchen in den Schickimicki-Restaurants von L. A. gierig einsaugen.

Anna Kurnikowa, Tennisspielerin Auch wenn wir gern einen KRÖVER NACKTARSCH (Mosel) empfehlen würden, gilt in diesem Fall wohl: Teuer schlägt auf. Mit einem großen Burgunder liegen Sie bei dieser Sorte Edelbackfisch immer richtig. Jenseits davon: ein MORILLON aus der Steiermark, ein molliger CHARDONNAY, ein Wein mit Babyspeck sozusagen, schmelzig, sofort präsent, frech – aber wohlfeil und damit ein Kontrapunkt zu diesem verwöhnten Ding.

Verona Feldbusch, Medienstar Die kongeniale Reb-Maus dünkt uns ein verführerischer Super-Toskaner zu sein, zum Beispiel ein TIGNANELLO. Eigentlich ein Kunstprodukt, kokettiert er mit dem gleichen betörenden Kirschrot wie Veronas Lippen. Vorsicht: aufdringliche Vanille-Note! Sehr en vogue bei Menschen, die immer und überall losplappern, aber vom Thema keinen Schimmer haben.

Franziska von Almsick, Schwimmerin Natürlich eine WEISSWEINSCHORLE; wenn sie ihr zu seltsam schmeckt, etwas Chlor dazugeben.

. . . .

84

meer

Alice Schwarzer, Publizistin Wer weibliche Emanzipation in allen Lebenslagen fordert, muss zwar nicht unbedingt im Stehen pinkeln können, sollte aber die Auseinandersetzung mit einem bärbeißigen MADIRAN bestehen. Der männlichste aller französischen Rotweine, in Frankreichs Südwesten aus der gerbstoffgetränkten TANNAT-Traube gekeltert, stillt mit seiner ausgeprägten Adstringenz sogar kleinere Blutungen nach der Rasur.

Esther Schweins, Comedy-Star Die eher banale, weil nahe liegende These, dass nur ein knackiger Rosé ihre tizianrote Mähne ins rechte Licht zu rücken vermag, lässt sich natürlich problemlos belegen – in der Idealversion mit der weichen Opulenz einer kalifornischen GRENACHE-Variante. Mit einleuchtenden Banalitäten scheint uns dieser Frau aber bitteres Unrecht getan; wir verordnen deshalb den mystisch-dekadenten POUILLY-FUMÉ «SILEX» des SAUVIGNON-BLANC-Hexers DIDIER DAGUENEAU mit seiner Zauberformel aus rauchiger Eichenholzwürze und subtilen Feuersteinaromen. (Wenn Ihnen der Wein zu kompliziert erscheint, lassen Sie besser die Finger von solchen Frauen.)

Steffi Graf, Ex-Tennisspielerin Die Taktik des Serve and Volley sollte hier ihre Wirkung nicht verfehlen: Als Matchwinner käme ein hochkonzentrierter, wuchtiger, athletischer, blonder WEISSER BURGUNDER aus dem Badischen zum Einsatz, etwa ein MALTERDINGER BIENENBERG. Auch wenn sein Erzeuger HUBER heißt, Bernhard nämlich.

Margarethe Schreinemakers, Ex-Moderatorin Dieser etwas in Vergessenheit geratenen Mater dolorosa scheint ein emotionsbefrachteter LACRIMA CHRISTI (halbwegs

berühmt, aber simpel) von den Hängen des Vesuv angemessen.

Nadja ab del Farrag (Naddel), gelernte Hausfrau Man
würde ihr nicht gerecht, wenn man behauptete, bei ihr er-
fülle schon ein simpler algerischer Deckrotwein seinen
Zweck – wo sie sich doch in letzter Zeit so stark um Mondänität bemühte. Okay, wir wissen nicht, welche Buddel
Dieter «Wenn-Mozart-noch-leben-würde-würde-er-sowas-
Ähnliches-machen-wie-ich» Bohlen einst für sie öffnete –
aber mit der rassigen Sinnlichkeit eines schlanken 1992er
Volnay von der Côte de Beaune dürfte man nicht falsch
liegen.

Pamela Anderson, Schauspielerin Zu ihr empfehlen wir in
jedem Fall etwas Spritziges, vielleicht einen Cloudy Bay
Sauvignon blanc aus Neuseeland. Dieses sehr süffige
Früchtchen lässt bei jedermann bereits auf den ersten
Schluck die Glocken läuten und gilt als Kultgetränk. Macht
keine Flecken und verträgt sich ansprechend mit Körperaromen von übertrainierten Blondinen, das heißt, Sie können getrost auf Gläser verzichten und ihr den Nektar aus
dem zuvor reichlich getränkten Badeanzug zutzeln.

Tyra Banks, Model Eine wahrlich umwerfende Schöne,
die beidhändiges Vergnügen assoziiert; deshalb plädieren
wir für einen Riesen von Wein, den man besser mit beiden
Händen zum Mund führt: einen Proprietary Red von
Pahlmeyer (Napa Valley). Diese unglaubliche Fruchtbombe mit ihren Aromen von Leder, Tinte und Gewürzen
erfordert, bis sie sich öffnet, einiges an Geduld. Finesse erreicht sie erst im fortgeschrittenen Alter, strotzt aber bereits

in der Jugend vor Kraft. Himmlisch saftige Gerbstoffe! Unbedingt dekantieren! (Wir meinen den Wein.)

Susan Tiedge, Weitspringerin Um bei ihr zu landen, sollten Sie weingeistig keinen allzu langen Anlauf nehmen; ein frischer Rosé aus dem Gebiet Sables au Golf du Lion, gewachsen auf den Sandböden nahe der Rhône-Mündung, trifft mit seiner frisch-fröhlichen, unkomplizierten, dezent salzigen Note und seinem schlanken Körper genau den Absprungbalken.

Claudia Schiffer, Model Die teutonische XXL-Barbie auf den Catwalks zwischen Milano und Manhattan verblasst, wenn wir uns nicht irren, bei näherem Beschnuppern zu einer etwas faden Person; Gourmets könnten das bemerken. Ihr müsste ein strohiger, matt glänzender oberitalienischer Pinot bianco mit kurzem Abgang ganz gut stehen.

Katja Flint, Schauspielerin Ideale Begleiterin in heißen Gefilden, weil als Weinkühler verwendbar.

Maria Schrader, Schauspielerin Ein Französischer-Landwein-Typ, egal, was sie trinkt. Kredenzen Sie ihr also einen Vin de pays. Es gibt deren 140 verschiedene; mal sehen, wie weit Sie kommen.

Helena Christensen, Model Beeindruckend. Prächtig. Schillernd. Nussig. Buttrig. Lasterhaft. Zum Niederknien. Wie 90-61-89er Corton-Charlemagne. Allons!

Sarah Wagenknecht, PDS-Politikerin Im Grunde hätte man nach einem strengen, etwas eindimensionalen, den

Gaumen mit unausgereiften Tanninen malträtierenden Roten zu suchen, aber das wäre für die Rosa-Luxemburg-Wiedergängerin noch nicht symbolträchtig genug. Kredenzen Sie also einen richtigen toten Roten, einen längst kollabierten SEPERAVI aus der georgischen Heimat von Genosse Josef Wissarionowitsch Dschugaschwili, genannt Stalin, gekeltert in dessen Todesjahr 1953 (sofern es so was überhaupt noch gibt).

Sabrina Setlur, Rapperin Scharf, sinnlich, schweißtreibend, mit exotischer Schale, verweist Schwester S. den Connaisseur an einen vinologischen Scheideweg: Entweder stellen Sie ihr als Kontrapunkt einen lieblichen, sehr gut gekühlten Weißwein, beispielsweise einen kalifornischen CHENIN BLANC, entgegen, oder Sie unterstreichen ihre Schärfe mit einem sehr herben Roten (BARBARESCO, CORNAS).

Salma Hayek, Schauspielerin Sie hat als Table-Dancerin im Splatter-Movie «From Dusk till Dawn», als sie sich Tequila auf den Schenkel goss und ihn über ihren Fuß in den Mund des gierig schluckenden Quentin Terentino rinnen ließ, die Maßstäbe derart hoch angesetzt, dass Sie die Gläser gleich an die Wand werfen sollten. Vielleicht erwischen Sie die Kleine ungeduscht nach einem anstrengenden Drehtag, dann können Sie einen möglichst neutralen Tropfen, der sich mit ihren Körperaromen vollsaugt, zur Nachstellung besagter Szene verwenden, sofern Sie nicht von sonnenbebrillten und muskelbepackten Spielverderbern daran gehindert werden.

Ricky (Ex-«Toe» von «Tic-Tac»), Sängerin Ihr wäre eigentlich ein Tropfen angemessen, der sich selbst nicht darüber im Klaren ist, ob er nun eher zu den Weißweinen, den Rotweinen oder gar zu den Bieren gehört. Andererseits gibt dieses Girlie zu allerlei erfreulichen Assoziationen Anlass, wenn sie nicht gerade redet. Sie könnte gemeinsam mit einem PRIMITIVO DI MANDURIA von FELLINE auf den Tisch kommen (das ist ein grober, etwas wirrer, ordinärer, aber ziemlich geiler und schnell zur Sache kommender dunkler Feger aus Apulien).

Faye Dunaway, Schauspielerin Ein Prachtexemplar von Weib, in die Jahre gekommen, niemals lieblich, aber ihr halbes Leben lang der Inbegriff der Sündhaftigkeit. Fluch über die Vergänglichkeit! Trost spendet hier ein majestätischer Nektar, fast unbegrenzt haltbar, süß wie die Sünde, tief wie ein sonniger Oktobernachmittag, alle Erinnerung einschließend wie der Bernstein – in genau dieser Farbe funkelt das Denkmal der ewigen Jugend, egal in welchem Alter: CHÂTEAU D'YQUEM.

Viktoria Beckham («Posh Spice»), Sängerin Ihr ist es gewiss völlig egal, was sich im Glas befindet, wenn nur dessen Rand massiv gülden glänzt. Wenn Sie ihr CHABLIS nahe legen, wird sie stattdessen wohl CHARDONNAY verlangen (oder umgekehrt) und nervös nach ihrem String-Tanga suchen, den vermutlich Gatte David gerade beim Training durchschwitzt. Darauf einen Dujardin!

Dolly Buster, Pikanterie-Darstellerin Da hier jedermann nur irgendwelche Schweinereien einfallen, neigen wir kontradiktorisch zu einem sauberen, gutbürgerlichen Tropfen – die Gevatterin braucht ja wenigstens bei Tisch mal Ruhe. Ein kreuzbraver, spießbürgerlicher MÜLLER-THURGAU aus

Rheinhessen scheint hier angeraten, ein Wein, der tiefe, feuchte Böden braucht, zu starkem Behang tendiert und mitunter leicht nach Kastanienblüte düftelt.

Britney Spears, Teenie-Idol Was passt zu Kalbsfüßchen? Normalerweise ein gereifter BOURGOGNE PASSETOUTGRAIN. Ob Sie aber das hibbelige Fräulein davon überzeugen können, von ihrer Cola light zu lassen? Wir wetten nicht darauf.

Barbara Becker, allein erziehende Mutter Wer auf tiefdunkle Roben mit samtigem Besatz steht, auf mittelschwere Körper und animalische Anklänge am Gaumen, der wird an der Südspitze des afrikanischen Kontinents fündig. Hier wächst eine landeseigene Spezialität namens PINOTAGE, eine Züchtung aus burgundischem PINOT NOIR und südfranzösischem (nein, nicht Hermitage) CINSAUT. Freilich müssen Sie damit rechnen, dass sie Ihnen vor dem ersten Probeschluck ein Schreiben ihres Anwalts überreicht, das ihren Anspruch auf mindestens dreißig Prozent des Flascheninhalts geltend macht.

Iris Berben, Schauspielerin Zu ihr gönne man sich einen AMARONE von zeitloser Eleganz, der mit einem Bouquet von reifen Gewürzen die Nase bezirzt. Wir plädieren für einen 1995er VIGNETO ALTO von Tommaso BUSSOLA aus Venetien. Dieser Stoff wurde aus den zwar kargen, dafür hochkonzentrierten und voller Extraktstoffe steckenden Erträgen 50-jähriger Rebstöcke gekeltert. Seien Sie auf spontane Offenbarung verborgener bittersüßer Düfte gefasst, wenn sich das gesamte Aromenspektrum vor Ihnen ausbreitet!

Liz Hurley, Model Ein grünlichgolden schimmernder CHABLIS GRAND CRU mit leicht herb-mineralischer Note, selbstverständlich im Edelstahltank ausgebaut, verhilft dieser Wein-Weib-Kombination zu makelloser Eleganz.

Sharon Stone, Schauspielerin Lässt in letzter Zeit angeblich mit künstlichen Mitteln etwas an sich herumschönen, was wir bei Weinen ablehnen. Ihr «Basic-Instinct»-Image war doch das beste; zur kulinarischen Aufpolierung desselben taugt ein GLETSCHERWEIN, gelagert in den Höhen des Wallis, ein rätselhafter Trunk aus der RÈZE-Rebe, immer leicht oxidativ und herb, von mutigen, eispickelbewehrten Einheimischen behütet.

Laetitia Casta, Model Eindeutig SANCERRE! Der renommierteste Loire-Wein mit seinen Feuerstein-, Stachelbeer- und mitunter auch Honigaromen ist sozusagen der Rebbruder dieser noch etwas grünen, aber üppigen Frucht.

Madonna, Madonna Kennen Sie einen Wein, dessen Farbe unaufhörlich zwischen Monroe-blond, Giftgrün, schrillem Pink und medusenhaftem Tiefschwarz oszilliert? Der in einem Augenblick nach frischen Blumen, im anderen nach Moschus und Trüffeln riecht? Der erst schamlos-aufreizend seinen Körper zeigt, sich dann wieder verschließt, um zuletzt mit undefinierbarem Nachhall zu verduften? Der zu Fisch ebenso passt wie zu indischer Küche? Kennen Sie einen solchen Proteus von Wein, der suggeriert, er sei gar kein bestimmter, sondern jeder beliebige Wein? Wir nicht.

Anke Engelke, Komödiantin Der absolut raren Symbiose von Ulknudel und Playmate stellen wir einen fröhlichen

CHARDONNAY von FOXEN VINEYARD (Santa Barbara) zur Seite – Vertreter einer neuen Weingeneration, der ein verdienstvoller Nürnberger Rebstoff-Dealer den Namen «Spaßweine» (Motto: «Aufmachen, reinballern!») verlieh (preiswerte Alternative: GRAUBURGUNDER von SCHALES, Rheinhessen). Nähere Erörterungen erscheinen uns so überflüssig wie die Beschreibung von Engelke-Sketchen; probieren Sie einfach.

Jennifer Lopez, Latina Wir assoziieren Sonne, Strand, eine strahlend weiße Villa mit riesiger Terrasse und Blick aufs Meer, lateinamerikanische Musik – und einen eisgekühlten Süßwein. Genau! Einen MUSCAT DE RIVESALTES von den Côtes du Roussillon: erfrischend, aromatisch, nach reifen Pfirsichen duftend. Und woraus man ihn so trinken kann: aus einer entkernten Melone etwa, ach was, aus nahezu jeder Frucht …

Hannelore Elsner, Schauspielerin Keine Frage, hier muss ein Rotwein her, ein großer, faszinierender, freilich schon etwas von der Zeit überholter, rarer und pikanter Nektar. Öffnen Sie mit einem Anflug von Melancholie eine Flasche spanischen VEGA SICILIA aus den Sechzigern und staunen Sie, was Sie alles zutage fördern.

Katharina Witt, Ex-Eislaufstar Trockener TOKAJER – nicht, weil er aus dem einstigen Bruderland Ungarn kommt, sondern weil die trockene Version der zickigen FURMINT-Rebe die gute Kati vehement an ihre einstige Dompteuse Jutta Müller erinnern sollte, deren Strenge ein (klitzekleines) bisschen auf sie abgefärbt ist: glasklar, kompromisslos, knallhart, knochig. Haben Sie die Ex-Eisdiva damit am

Gängelband des geschundenen Unterbewusstseins, können Sie bestimmen, wo's langgeht.

Anne-Sophie Mutter, Violinistin Okay, Sie könnten die konventionelle Variante wählen und einen ROMANÉE-CONTI holen lassen, damit liegen Sie nie verkehrt, schon gar nicht bei Damen mit Brillantcollier um den Hals; Sie könnten die Lippen der Karajan-Schülerin mit der Farbe und Üppigkeit des Über-Burgunders vergleichen – und, wenn Ihnen danach ist, mit den brutal-sinnlichen Lippen der Frauen auf Rossetti-Gemälden. Aber dergleichen dürfte sie schon erlebt haben. Als alternatives Experiment schlagen wir eine Wein-Diva vor, die jedem, wir betonen: jedem künstlerischen Anspruch gerecht wird (vom Etikett einmal abgesehen). Der Stoff heißt COTEAUX DU LAYON «ANTHOLOGIE», stammt von der Loire und ist das Werk eines vinologischen Solisten namens PHILIPPE DELESVAUX. Das exotische Fruchtorchester dieses aus CHENIN-BLANC-Trauben gekelterten, unglaublich viskosen Süßweines konzertiert noch auf Ihrer Zunge, wenn der Morgen graut – und Madame aller Wahrscheinlichkeit nach schon zu Hause ist.

Cherilyn Farkisian Lapiere (Cher), Sängerin und Schauspielerin Wir weichen vom Weinpfad ab und empfehlen CHAMPAGNE MOËT & CHANDON BRUT IMPÉRIAL, selbstverständlich ohne Jahrgangsangabe – aus folgenden Erwägungen: Diese perlende Diva (wir sind beim Champagner) verdankt ihre im Zwölfmonatszyklus immer wieder neu erblühende jugendliche Extravaganz einer sensorisch höchst bewanderten Task Force. Jahr für Jahr modellieren die wissenschaftlich geschulten Weinnasen aus Dutzenden unterschiedlichster Grundsäfte ein stets unverwechselbares Gesamtkunstwerk, an dem sich eine millionenfache Fangemeinde rund um den Globus berauscht. Ihre ganz spezielle Erscheinungsform – Marketingfachleute würde hier von Branding sprechen – verdanken also beide Produkte, das singende wie das schäumende, Eingriffen von Spezialistenhand. So wie der Önologe in Epernay die Säurespitze eines unreifen Chardonnay-Stillweins kappt, so verschlankt der Body-Designer in Los Angeles die Taille der Pop-Sirene, indem er sie beispielsweise von störenden Rippen befreit. Und so, wie die Dosage dem fast vollendeten Schampus die gewünschte Geschmacksstufe schenkt, nämlich brut, sec oder demi-sec, so geben einige Spritzer Kollagen Chers Lippen just jene Form, die zum aktuellen Hit passt.

Anastacia, Sängerin Im Gegensatz zu den geklonten Nymphchen aus den Videoclips von MTV ist diese etwas herbe Blondine (aber was für ein herrlicher Bauch!) beeindruckend bei Stimme. Mit ihr harmonieren müsste ein Clos l'Ermita, ein einzigartiger Nektar aus hundertjährigen Garnacha-Reben, dezent angereichert mit Cabernet Sauvignon. Die knorrigen Stöcke wurzeln in einem von der Natur geschaffenen Amphitheater in einer gottverlassenen Hochlandregion Kataloniens; die wenigen Trauben geben einen höchst konzentrierten, zunächst eher kratzbürstigen Saft preis, der, zum stolzen Rotwein-Granden gereift, mit dem nobelsten europäischen Weinadel konkurrieren kann. Dieser Wein ist sozusagen ebenfalls «bei Stimme» und sollte sich zudem farblich mit Haut und Haar der röhrenden Lady besser vertragen, als ihre kunterbunten Brillen es tun.

• • • • • •

Jenny Elvers, Selbstdarstellerin Hier reißt auch kein L<small>AFITE</small> mehr etwas heraus (zumal Sie befürchten müssten, dass das Lottermädel bereits die Filmrechte für die Entkorkung verkauft hat) – für die größte mediale Luftblase der letzten Dekade kommt umgekehrt nur P<small>ROSECCO</small> in Frage, irgendein aufdringlich blubberndes Nichts mit Bonbon-artigem Nachgeschmack, der einfach nicht aufhören will und trotzdem niemanden interessiert.

Doris Schröder-Köpf, Kanzlergattin A<small>LIGOTÉ</small>. Ein etwas kantiges und meist leichtgewichtiges Stöffchen aus Burgund, das mit den fetten Bukettbomben aus Meursault und Puligny-Montrachet nichts gemein hat und deshalb ein Schattendasein abseits der großen Lagen fristet. Dabei hätte diese Rebe ein besseres Terroir verdient; in den Händen eines geduldigen Winzers erblühen ihre Weine nämlich durchaus zu nervig-frischer Eleganz. Dass die Sorte überhaupt in Mode kam, bezahlte sie mit dem Verlust ihrer ursprünglichen Identität. Der Aligoté tritt heutzutage nur selten solo auf, stattdessen muss er es sich gefallen lassen, mit einem Schuss schwarzen Johannisbeerlikörs (Cassis) vermischt als Aperitif geschlürft zu werden. Diese weltweit bekannte Liaison konnte sich wohl nur ein Politiker ausdenken: Derjenige, der die Mixtur erfand, ihr seinen Namen gab und sie nach allen Regeln von PR und Marketing verwertete, das war der langjährige Bürgermeister von Dijon, Félix-Adrien Kir.

Sophie Marceau, Schauspielerin Eigentlich wie gemacht für einen kalifornischen Mega-M<small>ERLOT</small>, etwa P<small>AHLMEYERS</small> 1997er. Aber der würde ihren Nationalstolz beleidigen. Also lieber 1961er L'E<small>GLISE</small>-C<small>LINET</small> (Pomerol), ein Nektar von eleganter Länge, mit weichen Tanninen, präsent wie nie, mit Noten von Karamell (denken Sie an ihre Haut), Schoko (an ihr Haar), Erdbeeren (an ihren Mund), Pflaumenmus und und und…

Arabella Kiesbauer, Talkerin Zu einem solch exquisiten Schokodessert passt nur ein einziger Wein: ein BANYULS. Dieser tief dunkelrote Stoff verströmt ein intensives Aroma aus Kakao, Nüssen, Waldboden und Rumtopffrüchten. Machen Sie sich jedoch keine Illusionen, dass Sie das süße Plappermäulchen mit diesem Vin doux naturel auch nur halb so stark beeindrucken können wie mit der Würdigung ihrer Playboy-Aufnahmen.

Martina Hingis, Tennisspielerin Vielleicht halten Sie uns jetzt für plemplem, aber bei diesem kleinen Biest drängt sich uns parallel ein MELNIK auf. Nie gehört? Okay, es handelt sich, da wollen wir ganz korrekt sein, um eine rote Rebe namens SHIROKA MELNISHKA LOSA, den Stolz Bulgariens. Jung getrunken ist der Wein ein ziemlich verzogenes Wesen mit adstringierendem Auftritt; in wohlgereifter Verfassung wird er zunehmend komplexer, verliert seine Kratzbürstigkeit und gewinnt an Kraft und Harmonie.

Calista Flockhart, TV-Mimin Als Ally McBeal verkörpert sie sozusagen den Trostpreis für beziehungsgestörte Großstadt-Softies, ein Image, zu dem uns kein passender Wein einfallen will. Zu Calista Flockhart selbst möchten wir etwas Deutsches entkorken. Pervers? Keineswegs. Wir wählen einen halbtrockenen (überdeckt die Magerkeit) RIESLING aus den Kellern der properen Aufsteigerwinzer ERNST LOOSEN oder REINHARD LÖWENSTEIN und erschnuppern im Bouquet eine gewisse innere Auseinandersetzung zwischen mineralisch-strengen Schiefertönen und sich zögerlich öffnender Pfirsichfrucht.

Björk, Sängerin Heikle Angelegenheit. Vielleicht CHÂTEAUNEUF-DU-PAPE? Natürlich nicht in der neumodischen weißen Version, dafür wirkt diese Dame mit ihren halsbrecherischen Glissandi zu crazy; sie ähnelt einer irgendwie auf trollhafte Abwege geratenen, etwas zu herben Elfe. Also einen roten Châteauneuf, mit Vorzug eine Réserve von HENRI BONNEAU. Drinnen orgeln maximal dreizehn Rebsorten, die sich zu einer Stimme zu vereinen suchen, was mitunter eindrucksvoll gelingt. Sie sollten ihn in dieser Kombination so früh wie möglich trinken, wenn er noch sehr unabgerundet, wild und widerborstig ist und zögerlich Aromen aus abgehangenem Rindfleisch und reifen Zwetschgen preisgibt. Auf eine weitere Châteauneuf-Alternative, nämlich die aktuelle Abfüllung der DOMAINE CHANTE-PERDRIX (zu Deutsch: «singendes Rebhuhn») verzichten wir, weil wir uns nicht dem Vorwurf billiger Effekthascherei aussetzen wollen.

Michelle Hunziker, Model und Talkerin Ziemlich appetitlich, aber harmlos. Neigt zum etwas affektierten Schwadronieren (Flop mit ARD-Talkshow). Wenn Sie von ihr überhaupt wahrgenommen werden wollen, müssen Sie sie völlig aus der Fassung bringen. Schmettern Sie mit fester Stimme dieses Liedchen (Melodie ist schnuppe): «Mein treuester Bruder und Gespan liegt tief in einem Keller/er hat ein hölzern Röcklein an und heißt der MUSKATELLER.» Dazu flugs ein Fläschchen von ebendiesem Stoff entkorkt, am besten einen 1999er Kabinett vom pfälzischen Ökonomierat REB-

HOLZ, und mutig Brüderschaft getrunken. Versteht sich von selbst, dass dieser Geselle im Glas der richtige Zechkumpan für sie ist: Er zeigt schlanken Körper, ist frisch und spritzig, aber reichlich vorlaut im Bukett. Ansonsten gilt bei Frau Hunziker die Erkenntnis von Marcel Aymé: «Alle großen Verführer haben gewusst, dass Frauen erst dann den Mund halten, wenn sie geküsst werden.»

Cameron Diaz, Schauspielerin Wir assoziieren: gezuckerte Zitrone (und meinen das keinesfalls böse). Zu ihr empfehlen wir etwas Spanisches, einen Weißen, der das Aroma exotischer Früchte verströmt, verschwenderischen Limonenduft aussendet, die Lippen mit saftiger Fülle streichelt. Solchen Nektar stellt das Haus TORRES her, der größte Erzeuger im Penedès (Katalonien). Ein Minianteil der traditionellen PARELLADA-Traube gibt diesem SAUVIGNON BLANC den richtigen Kick.

Shawne Borer-Fielding, Diplomatengattin Die Frau des Schweizer Botschafters in Berlin ist eine texanische Ex-Schönheitskönigin und benimmt sich auch so. Deswegen haben wir es hier mit einem der ganz seltenen Fälle zu tun, in dem die Begriffe eidgenössisch und exzentrisch keinen Widerspruch bilden. Der Körper dieser Reinkarnation aus Jean Harlow und Jane Mansfield lässt bei uns spontan irgendwo zwischen Kleinhirn und Gaumen den in Weinfachkreisen allmählich in Mode kommenden Begriff «cremige Textur» aufdämmern. Ein weicher, etwas fülliger und leicht öliger SEMILLON aus dem australischen Hunter Valley, der orangegolden im Glas steht, nach Butterscotch, Banane und reifen Äpfeln duftet – das wäre es doch! Am besten einer von MCWILLIAMS.

Christiane Hörbiger, Schauspielerin Der Grande Dame der österreichischen Schauspielkunst widmen wir einen elsässischen GEWÜRZTRAMINER. Warum keinen edlen Tokajer? Na ja, dessen morbider Bernsteinton und seine ölige Konsistenz scheinen uns angesichts der Vitalität dieser Lady nicht wirklich angemessen – immerhin bestaunten wir sie unlängst auf dem Bildschirm beim engagierten Liebesspiel mit einem gewissen Götz George. Gewürztraminer also, und zwar eine tiefgoldene, mit opulentem Rosenduft ausgestattete Vendange Tardive (eine Art Spätlese) der traditionsreichen Häuser ZIND-HUMBRECHT oder TRIMBACH. Zu trinken auf der Terrasse kurz vor Sonnenuntergang oder am Kaminfeuer.

Vanessa Mae, Popgeigerin «Süß und unerträglich» findet der Dirigent Kurt Masur die fidele Schrammlerin aus Fernost. Wir haben freilich davon abzusehen, dass sie eine Violine und Kennerohren malträtiert und uns ganz auf die Person zu konzentrieren. Aus dieser Perspektive müssen wir das «Unerträglich» heftig dementieren. Das Fräulein ist nämlich sexy und rangiert damit per se im Bereich des Erträglichen. Zu diesem Früchtchen passt am besten eine Fruchtbombe. Konventionelle Weine allerdings, wir erwähnten es bereits, vertragen sich irgendwie nicht mit Asiatinnen. Gottlob hat die Globalisierung auch eine önologische Reformation angeschoben (es wird ja wohl nicht umgekehrt gewesen sein?), so dass wir frohgemut zu einem Fläschchen ZINFANDEL raten können, nämlich von ELYSE CELLARS, Napa Valley. Er offeriert ein saftiges Erdbeer-Pflaumen-Aroma, durchzogen von Zimt- und Vanille-Noten, und verströmt exotische Düfte, wie sie wohl als erster Europäer Marco Polo schnupperte. Zugleich ist er ein ausgesprochen

sanfter Gaumenstreichler. Gibt's was Besseres zu asiatischen Spezialitäten?

Lara Croft, Cyberheldin Man muss mit der Zeit gehen. Wenn sogar eine Peitsche von Wein existiert, die Kati Witt an ihre einstige Schleiferin gemahnen könnte, dann finden wir auch einen zur virtuellen Amazone, die vielleicht manchem Gadget Lover als einziges weibliches Wesen die Tage versüßt. Einen Wein wie Silizium, kristallklar, stahlig frisch, der wie ein Laserstrahl über den Gaumen geht. Es gibt einen: Cheverny blanc «Les Veilleurs» von Michel Quenioux. Mausklick (nein, diesmal nicht: Schießen!): Trinken!

SERVICE-TEIL

Überleitende Nachbemerkung

Manchem Leser brennt nun vermutlich eine Frage auf den Lippen, die unser gesamtes Konzept zu torpedieren droht, nämlich: Was aber, wenn man die große Liebe oder, um mal ganz dick aufzutragen, die Frau seines Lebens gefunden hat? Muss man dann etwa immer denselben Wein trinken?

Ein Zyniker könnte antworten: Wer für einen unüberschaubar langen Zeitraum mit einer Frau vorlieb nimmt, wird bald bemerken, dass die Weinauswahl zu einem höchst marginalen Problem seiner Existenz schrumpft.

So leicht wollen wir es uns nicht machen. Die Feststellung des Karlsruher Philosophen Peter Sloterdijk im Hinterkopf, wonach jeder erotische Stil ein Recht darauf habe, mit einer Mischung aus Neid und Mitleid betrachtet zu werden, kommen wir nicht umhin, auch in der strikten Monogamie beneidenswerte Aspekte zu entdecken – selbst wenn sie die Weinauswahl unter den Prämissen, die dieser Betrachtung zugrunde liegen, erheblich einschränkt. Natürlich haben wir nicht empfohlen, dass Sie für immer bei einer Frau bleiben sollen, aber dieser Ratgeber muss in Rechnung stellen, dass dergleichen liebevoll-asketisches Heldentum sich heutzutage immer noch ereignet. Wie soll man als Betroffener damit vinologisch umgehen?

Sie müssen einfach experimentieren. Zum Rehrücken, um unser Eingangsbeispiel aufzugreifen, mundet ein burgundischer Pinot Noir vortrefflich, aber erstens gibt es verschiedene Erzeuger und Jahrgänge, zweitens erschließt jede Veränderung geschmacklicher Nuancen, etwa in der Zusammensetzung der Sauce, neue Kombinationsmöglichkeiten. Eine Frau ist ein wandelbares Wesen. Sie schmeckt beispielsweise am Meer anders als im Hochgebirge, im Sommer anders als im Winter, nach dem Sport anders als nach dem Aquarellmalerei-Kurs. Sie könnten Ihre Dauerfreundin auch bitten, sich die Haare zu färben, zehn Kilo abzunehmen oder Lederwäsche zu tragen. Jeder graduelle Unterschied zählt.

Zuletzt können Sie einfach anfangen, allein zu trinken; dann steht Ihnen die gesamte Weinwelt wieder offen. Wir empfehlen beispielsweise, dass Sie sich die Promi-Liste vornehmen, die Sie soeben gelesen haben, und alle Weine durchprobieren, vielleicht mit einem Foto der entsprechenden Dame neben dem Glas. Diese subtile Art von Fremdgängerei sollte eine seelisch stabile Langzeitpartnerin tolerieren.

Soviel zu den Treuen. Dem polygamen Teil der Leserschaft schulden wir, nachdem wir ihnen vielleicht die Münder wässrig gemacht haben, noch ein wenig Nutzwert. Wie Sie an die Frauen herankommen, ist Ihre Sache; wir liefern im Folgenden ein paar Tipps, wie Sie an die Weine kommen. Außerdem versorgen wir Sie mit praxisgerechten Hinweisen zum Umgang mit den mehr oder weniger wertvollen Bouteillen.

AUSGEWÄHLTE REBSTOFF-HÄNDLER

Ob sich ein Exot wie der georgische Seperavi (Sie wissen: der Trinkgenosse zu Sarah Wagenknecht) überhaupt auftreiben lässt, wagen wir zu bezweifeln. (Fast) alle anderen der auf den vorherigen Seiten empfohlenen Weine – es dürften rund hundertdreißig sein – lassen sich jedoch tatsächlich ohne große Probleme bei Erzeugern, Importeuren und Fachhändlern ausfindig machen und ordern. Damit keine Missverständnisse aufkommen: Bei den Adressen handelt es sich um eine subjektive Auswahl der Autoren. Also müssen die erwähnten Lieferanten nicht immer und unbedingt die Einzigen sein, die den gesuchten Stoff auf Lager haben.

Deutsche Weine Die meisten der genannten heimischen Gewächse entstammen Kellern von Erzeugern, die sich im früher etwas verstaubten Verband der Prädikats- und Qualitätsweingüter (VDP) organisiert haben. Inzwischen weht dort ein frischer Wind, Deutschlands Elitewinzer präsentieren sich mit eigener Homepage im Internet (www.vdp.de), und dortselbst lassen sich mit zwei Mausklicks die Adressen (und zwar E-Mail und normale Postanschrift) fast aller erwähnten deutschen Winzer orten. Zum Bestellen einfach anrufen, faxen oder mailen. Sind bestimmte Sorten und Jahrgänge bereits ausverkauft, nennt Ihnen der Winzer Fachhändler, die die Trouvaillen noch auf Lager haben.

· · · · · · ·

Französische Weine Irgendwie scheinen Galliens Rote und Weiße eine besondere Kompatibilität mit fremdländischen Frauenzimmern zu besitzen. Womöglich spielt auch die Vielfalt der Rebsorten und -regionen unseres Nachbarlands eine Rolle – jedenfalls machen französische Weine einen erklecklichen Teil der Empfehlungen in diesem Buch aus. Als verlässliche Lieferanten nennen wir folgende Importeure:

Kössler & Ulbricht, Nordostpark 78, 90411 Nürnberg, Tel. 0911-52 51 53, Fax 529 88 74, www.weinhalle.de. Mit sicherem Instinkt spürt Inhaber Martin Kössler große (oft unterschätzte und deshalb recht preiswerte) Weine in kleineren Regionen auf. Besonderes Interesse verdienen bei ihm Languedoc und Roussillon, Rhône und Loire.

Champa Vins, Am Glasofen 9, 52222 Stolberg, Tel. 02402-959 80, Fax 841 61, www.champa.dc. Fundgrube für Bordeaux-Trinker, breites Champagner-Sortiment.

WeinArt, Winkeler Straße 93, 65366 Geisenheim, Tel. 06722-710 80, Fax 06722-71 08 20, www.weinart.de. Checken Sie vor der Bestellung Ihr Bankkonto: Bordeaux-Raritäten aus älteren Jahrgängen, noble Burgunder und der rare Kult-Champagner von Jacques Selosse – solche Extravaganzen verschlingen höhere Investitionen. Aber wenn's der Anlass erfordert...

Italienische Weine Garibaldi, Frohschammer Straße 14, 80807 München, Tel. 089-359 02 22, Fax 359 29 29. Dem Bücherfreund Eberhart Spangenberg kommen keine Allerweltsflaschen ins Regal – der Mann sucht (und findet) auch in Sizilien oder Kalabrien stets das Besondere. Was sich nicht unbedingt im Preis niederschlagen muss.

Wein & Glas Compagnie, Prinzregentenstraße 2, Am Prager Platz, 10717 Berlin, Tel. 030-235 15 20,

Fax 235 15 222, www.weinundglas.de. Gut sortierte Anlaufstelle für Liebhaber der Toskana-Elite, außerdem Frankreich- und Baden-Schwerpunkte.

Österreichische Weine Geisels Vinothek, Schützenstraße 11, 80335 München, Tel. 089-55 13 71 40, Fax 55 13 61 73, www.vinothek-muenchen.de. Das Angebot beschränkt sich übrigens keineswegs auf Austrias Rebensäfte, sondern ist international bestens sortiert.

Weinhandel Viehhauser, Pinnasberg 29, 20359 Hamburg, Tel. 040-31 77 74 10, Fax 31 77 74 30, www.viehhauser.de. Anton Viehhauser, Bruder des omnipräsenten Starkochs Josef Viehhauser (u. a. «Le Canard», Hamburg, «Vau», Berlin), ist zwar ein ausgewiesener Bordeaux-Bewunderer, bietet aber zugleich eine mustergültige Kollektion von Spitzenweinen aus seiner Heimat (etwa Krachers edelsüße Nektare).

Schweizer Weine Martel, Poststraße 11, CH-9001 St. Gallen, Tel. 0041-71-226 94 00, Fax 226 94 01, www.martel.ch.

Spanische Weine Ardau, Langbaurghstraße 6, 53842 Troisdorf, Tel. 02241-39 310, Fax 39 31 80, www.hola-iberica.de.

VinEspa, Urfstraße 99–101, 41239 Mönchengladbach, Tel. 02166-931 50, Fax 931 529, www.150-weine-aus-Spanien.de.

Kalifornische Weine Uns bleibt keine Wahl, an dieser Stelle muss erneut – und mit Nachdruck – auf das Haus Kössler & Ulbricht hingewiesen werden (Adresse siehe französische Weine). Unsere Affinität zu diesem Rebstoff-Dealer hat mehrere Ursachen, beispielsweise die blumigen Kommentare, mit denen Kössler seine Kollektion anpreist. Außerdem teilen wir die Philosophie des Hauses, dessen Sortiment dem kategorischen Imperativ *saftige Tannine* unterliegt, frei nach Immanuel Kant: «Habe Mut, dich deines eigenen Gaumens jenseits irgendwelcher Moden und Parker-Punkte zu bedienen.»

Eine mit Kennerschaft zusammengestellte umfangreiche Kollektion bietet California Wines, Löherweg 38, 80997 München, Tel. 089-149 31 29, Fax 141 88 05, www.californiawines.de.

Südafrikanische Weine Caveau-Weinversand, Bergstraße 1–9, 21465 Reinbek, Tel. 040-722 86 44, Fax 040-72 81 00 23, www.6000-weine.de.

Australische und neuseeländische Weine Bezugsquellen für den noblen Penfold's Grange liefert Schlumberger, 53340 Meckenheim, Tel. 02225-92 50, Fax 92 51 51.

Weitere Top-Güter aus Down Under und Neuseeland finden sich im Sortiment von Martin Apell, Eugen-Richter-Straße 109, 34134 Kassel, Tel. 0561-316 07 17, Fax 316 07 18, www.apell.de.

Ein paar allgemeine Tipps

Der Kampf um die Flasche Wenn Sie Restaurants der gehobenen Preisklasse frequentieren, werden Sie früher oder später notgedrungen auf Kellner stoßen, deren höchstes gastronomisches Ideal darin zu bestehen scheint, die Weinflasche möglichst weit außer Reichweite des Gastes (also der Ihren) zu platzieren. Sofern Sie Glück im Unglück haben, ist der Garçon so flink, dass die Gläser stets gut gefüllt vor Ihnen und Ihrer Begleiterin stehen, aber im Regelfall müssen Sie warten. Zur Bekehrung solcher Ausschank-Puristen empfiehlt sich die rigorose Verschärfung des Trinktempos, was freilich im Falle einer guten athletischen Verfassung des Kellners Sie und damit Ihr gesamtes Date ins Wanken bringen kann. Dergleichen Duelle sollten Sie sich mit dem Personal also nur liefern, wenn Sie mit Freunden unterwegs sind.

Jedenfalls kommt der Zugriffs-Entzug einer Entmündigung gleich, und von irgendeinem Lakaien entmündigt zu werden, ist wohl das Letzte, was bei einem Rendezvous passieren sollte. Beharren Sie darauf, dass die Flasche bei Ihnen bleibt. Juristisch sind Sie allemal im Recht, denn mit der Bestellung eines Getränks in einer Gaststätte geht dieses automatisch in Ihren Besitz über, auch wenn Sie erst am Ende bezahlen (Ihr neues Auto parken Sie auch nicht beim Händler). Merke: «Der Wein gehört Ihnen» (Hugh Johnson). Nicht zuletzt wird Ihr energischer Protest gegen kell-

· · · · · · ·
113

nerische Bevormundung bei Ihrer Tischdame Eindruck machen, und Sie müssen zudem nicht dauernd das Gespräch unterbrechen, weil ein Mundschenk um Sie herumdienert.

Dekantieren ist ebenfalls eine Sache von Puristen für Puristen. Meist ist es völlig unnötig. Es gibt zwei Gründe, warum man einen Wein dekantieren sollte: erstens, weil sich auf dem Grund der Flasche aus diversen Ablagerungen ein so genanntes Depot gebildet hat und diese Schwebeteilchen beim Einschenken aufgewirbelt und mit ins Glas gespült würden (in der Regel bei älteren Rotweinen); zweitens, weil es sich um einen etwas verschlossenen, wiewohl trinkreifen Tropfen handelt, der atmen muss, um sein Bukett voll zu entfalten. Wenn Sie ein geübter Schwenker sind, gelingt Ihnen die olfaktorische Defloration freilich auch im Glase. Bei der pauschalen Dekantiererei handelt es sich jedenfalls um eine Unsitte, die nicht in Rechnung stellt, dass der Wein und die Flasche auch während des für sie eventuell schmerzhaften Trennungsprozesses zusammengehören und der Gast sehen möchte, was er trinkt. Immerhin hat jede Flasche eine Geschichte zu erzählen; manche sogar ein ganzes Epos. Die meisten Dekantiergefäße verströmen zudem den Charme jener Kolben, in welche männliche Insassen von Altersheimen oder Frischoperierte ihre Blase entleeren.

Bastkörbchen Wir sagten, der Wein gehöre in die Flasche und habe aus dieser möglichst ohne Zwischenstation ins Glas zu fließen. In ihrer Kreativität fehlgeleitete Weinkellner haben jedoch eine weitere ästhetische Schikane erfunden, nämlich Bastkörbchen, in welche sie die geöffnete Flasche halb aufgerichtet legen, was dem Trinkzeremoniell etwas ungemein Altherrenhaftes verleiht. Der Sinn dieser sargähnlichen Konstruktion ist wiederum im Depot zu suchen und nur bei alten Rotweinen tatsächlich zu finden. Ansonsten gilt: In ein Bastkörbchen gehören allenfalls frisch ausgesetzte Hebräerknaben. Sie legen sich bei Tische ja auch nicht auf ein Korbsofa.

Lagerung Die meisten Weine sind zwar strapazierfähiger als die Sachbearbeiterin aus dem Großraumbüro, aber auch sie erfordern Know-how und ein sensibles Händchen, um erst dann auf dem Höhepunkt anzukommen, wenn sie es auch sollen. Ihre Bestellung ist also eingetroffen, die Flaschen liegen noch, stoßsicher verpackt, in diversen Kisten oder Kartons. Doch die Frage, wann sich Jennifer oder Jessica zum Candlelight-Dinner in Ihrem Appartement überreden lassen, können Sie leider nicht immer definitiv beantworten. Diese bedauerliche Erkenntnis konfrontiert Sie mit dem Problem der Aufbewahrung. Um es zu lösen, leiten Sie umgehend eine fachspezifische Untersuchung Ihres Lebensraums ein. Verfügen Sie über einen Keller, befördern Sie Ihre Kollektion umgehend dorthin. Verstehen Sie unter «Keller» jedoch einen mit Draht vom Nebengelass abgetrennten Verhau, in den von links penetrante Gerüche aus den angebrochenen Farbeimern des handwerkelnden Nachbarn einströmen, während von rechts Heizölnebel heranwabern, dann taugt dieser Ort zur Weinlagerung ungefähr wie ein Kinderzimmer für eine Ming-Vase. Binnen kurzem hätten die heimtückischen Ausdünstungen Ihren Schätzen den Garaus gemacht. Wir reden von einem richtigen Keller, aber auch in einem solchen lauern Risiken. Im Dunkeln sollen die Flaschen warten, liegend versteht sich, denn sonst trocknet der Korken aus. Permanente Erschütterungen, etwa durch hohes U-Bahn- oder Lastwagen-Aufkommen in der Nachbarschaft, zahlen sie Ihnen mit forciertem Siechtum heim.

Den gleichen Effekt bewirken Temperaturschwankungen. Kontinuierlich kühle acht oder heimelige sechzehn Grad sind kein Problem (Letztere, sofern Sie nicht in Jahrzehnten rechnen, aber bis dahin sind die Frauen ja auch verblüht). Messen Sie allerdings im Sommer zwanzig, im Winter sechs Grad, dehnen sich die Korken erst aus, dann ziehen sie sich zusammen; der Luftaustausch nimmt zu, der Wein oxidiert. Auf das rechte Maß muss sich auch die Feuchtigkeit einpendeln. Wir weisen darauf hin, dass die meisten modernen Neubauverliese zu trocken sind und die Nadel des Hygrometers die Sechzig-Prozent-Marke nicht touchiert. Als Sofortmaßnahme empfiehlt sich das Aufstellen größerer wassergefüllter Gefäße. Aber bitte nicht übertreiben und deswegen regelmäßig kontrollieren: Ab achtzig Prozent droht Schimmel-Alarm!

Alternativen zum Keller: Weinklimaschränke beeindrucken Ihre Gäste, sind teuer, aber ziemlich praktisch. Unterschiedliche Temperierzonen, vibrationsfrei arbeitende Aggregate und korrekte Luftfeuchtigkeit gehören zum Standard, für den die Hersteller ein paar Tausender verlangen. Umfunktionierte herkömmliche Kühlschränke dagegen taugen nicht für wochen- oder monatelange Weinlagerung: Die Luft darin ist zu trocken, die Temperaturen schwanken ständig, und die meisten Motoren ruckeln beim Anspringen wie einst der 1985er Golf beim Schäferstündchen mit Gisela.

Der Kleiderschrank indes eignet sich durchaus als Flaschenversteck, vorausgesetzt, Sie deponieren dort keine Mottenkugeln. Lassen Sie die Buddeln in ihren Kartons und vergewissern Sie sich, dass die Tür nicht vierzig Mal am Tag mit Schwung betätigt wird *(bad vibrations)*. Damit sind die Vorteile der Aufbewahrung auch schon aufgezählt. Der in der Fachliteratur gern präsentierte Bonus des kühleren Schlafzimmerklimas – dort steht wohl zumeist der Kleiderschrank – mag ältere Ehepaare und dem Trieb entsagende Naturburschen überzeugen. Menschen mit normalem Geschlechtsleben bevorzugen lustfreundlichere Temperaturen.

Temperatur Wein ist ein Erfrischungsgetränk. Das gilt auch für Rotwein. Bei etwa achtzehn Grad Celsius ist die Obergrenze erreicht; wenn Sie Tee trinken wollen, sollten Sie das auch tun (oder verabreichen Sie sich einen Glühwein). Bedauerlicherweise werden viele Weißweine zu kalt und viele Rotweine zu warm getrunken. Während sich aber ein Weißwein, sofern Sie ihn aus dem Kühler nehmen, recht zügig der Zimmertemperatur annähert, bleibt der Rote störrisch zu warm. Wenn Sie keine Zeit haben, verpassen Sie der Flasche getrost eine Schock-Kühlung; sofern es nicht gerade ein 1900er ist, wird der Wein es Ihnen nicht verübeln. Bestens geeignet ist der mit einer Mischung aus Wasser und Eiswürfeln gut gefüllte Metallkühler, denn in Flüssigkeiten, das lehrt die Physik, nimmt das zu kühlende Objekt erheblich schneller die gewünschte Temperatur an als in der Luft des Kühlschranks. Zudem sind das leise Klimpern der Eiswürfel und die Tropfenbildung an der Außenwand des Behältnisses einer gewissen Vorfreude auf den alsbaldigen Genuss durchaus förderlich. Für ganz Eilige: die Flasche (wir reden jetzt von Weiß- oder Roséweinen) kopfüber in den Kübel tauchen und nach kurzer Zeit einmal kräftig schütteln. Dann die ersten zwei wohl temperierten Gläschen einschenken, die Flasche zurück ins Eiswasser – jetzt natürlich richtig herum. Zur Not dürfen Sie übrigens durchaus zur Brachialmethode übergehen und den Nektar im Gefrierschrank kälteschocken. Jeder anständige Tropfen hält das aus, übrigens auch zimmerwarme (zwanzig Grad und mehr) Rotweine. Sie sollten freilich Ihre Gedanken nicht allzu sehr abschweifen lassen, denn sonst stehen Sie plötzlich vor dem umgekehrten Problem. Vorsicht bei Frauen mit hohem Willigkeits-Koeffizienten – es wäre jammerschade um den schönen PINOT NOIR, wenn Sie ihn postkoital als Halbgefrorenes aus dem Tiefkühlfach löffeln müssten.

Angebrochene Flaschen sind auszutrinken. Spätestens beim Plausch danach. Sollten Sie es wirklich mal nicht schaffen (die Dosierung ist ja auch verhext: Eine Flasche reicht nie, zwei sind manchmal zu viel, vor allem, wenn die Partnerin nicht mitzieht), dann schnell verkorken. Den Roten können Sie am nächsten Tag zum Essen trinken (aber die Blume ist bei empfindlicheren Gewächsen fast immer weg, damit müssen Sie rechnen; kernige BAROLI, MADIRANS oder SYRAHS halten naturgemäß am längsten durch). Weiße sind oft zickiger, kräftige GRAU- oder WEISSBURGUNDER-Reste, aber auch CHARDONNAYS überleben jedoch im Kühlschrank bis zu einer halben Woche.

Gläser Ein düsteres Kapitel. Jedermann weiß, dass eine hautenge Jeans die Bella Figura seiner 22-jährigen Herzensdame aufs vorteilhafteste zur Geltung bringt; ferner spürt er vielleicht, dass ein perfekt sitzendes Business-Kostüm bei der richtigen Frau mehr Sexappeal signalisieren kann als die Schluchten eines XXL-Dekolletés. Inhalt und Präsentation müssen sich also auch auf dem Tisch ergänzen. Dennoch sieht man allenthalben Leute Jahrgangs-Champagner aus albernen Sektschalen schlürfen; andere lassen beim Italiener zu, dass der Patron den SASSICAIA in primitive Pressgläser kippt. Deswegen aufgemerkt, Ignoranten! Sofern Sie Ihre Partnerin nicht mit so genanntem EU-Tafelwein oder ähnlichem abfüllen wollen – den können Sie gleich aus der Flasche reinballern –, besorgen Sie sich tunlichst die richtigen Trinkgefäße. Nicht gefärbt, weder grün noch braun, langer dünner Stiel, hoher Kelch. Für Rote die großvolumigere Version, für Weiße die schlankere. Keine Pokale, keine Schalen. Funktionale Eleganz statt Protz. Fortgeschrittenen seien die Modelle des Kufsteiner Spezialisten Riedel ans Herz gelegt, die die besonderen Charaktere der unterschiedlichen Rebsorten hervorheben. Natürlich gibt's auch Nachahmer, aber Riedel gebührt die Ehre, der Pionier in dieser Sparte der Glasbläserkunst zu sein.

Trinkrituale Wenn Sie Ihrer Begleiterin beim ersten Rendezvous das Glas bis zum Rand voll schütten, können Sie den Rest des Abends abhaken. Sie wird Sie – mit Recht – für einen primitiven Wüstling halten, der mit vorgetäuschter Großzügigkeit nur schnellstmöglich seine niederen Instinkte an ihr auslassen will. Also schenken Sie nur zu einem guten Drittel ein; kennt sie sich ein bisschen aus, werden Sie nicht als Knauser verkannt, sondern als erfahrener Genießer identifiziert. Denn der Wein braucht Luft im Glas und eine große Oberfläche, um seine sensorischen Botschaften zu entsenden; gibt er sich dennoch verschlossen, können Sie, wir haben bereits darauf hingewiesen, durch energisches Schwenken bis dato verborgene Düfte freisetzen. Das wirkt außerdem professionell.

Dass die ersten Tropfen aus der Flasche den Boden Ihres eigenen Glases netzen, hat nach wie vor allein praktische und/oder humanitäre Gründe: Sie haben gefälligst zu prüfen, ob der Stoff in Ordnung ist. Oder wollen sie das Näschen der Liebsten mit den kartoffelsackartigen Ausdünstungen eines veritablen Korkschmeckers belästigen? In Gesellschaft von vinologisch bewanderten Tischdamen – und derer werden erfreulicherweise immer mehr – können Sie allerdings durchaus Punkte machen, wenn Sie ihr das Recht der Vor-Verkostung überlassen. (Schlagen Sie sich übrigens aus dem Kopf, in Fragen des Geruchs- und Geschmackssinns je ernsthaft mit einer Frau konkurrieren zu können.)

Natürlich spricht überhaupt nichts dagegen, im passenden Augenblick auch unkonventionelle Trinkgefäße wie etwa den Bauchnabel der Dame einzusetzen. Wir geben allerdings zu bedenken, dass die in Mode gekommenen Piercings oder Sticker unter dem Einfluss säurehaltiger Tropfen (Mosel-Rieslinge etc.) zum Anlaufen tendieren.

SCHLUSSWORT

Wir wissen Sie nun bestens mit Hintergrundwissen ausgestattet und hoffen, dass Sie es kaum erwarten können, mit den Experimenten zu beginnen. Sollten Sie in nächster Zeit mit einer der genannten Promi-Damen anbandeln, sind wir für eine Rückmeldung dankbar, ob Ihnen unser entsprechender Weintipp plausibel erschien.

Was übrigens den Erlös dieses Buches angeht, können wir Ihnen versichern, dass zumindest der den Autoren verbleibende Teil nahezu vollständig in die weitere empirische Erforschung des hier behandelten Themas fließen wird.

· · · · · · ·